今われわれが踏み込みつつある世界は……

2000−2050

猪口孝 編

I・ウォーラーステイン
加藤博
川勝平太
朱建栄
山田鋭夫

藤原書店

目次

本文人物写真撮影・山本桃子

今われわれが踏み込みつつある世界は…　2000–2050

はしがき

本書は通常の書ではない。本書は二重の意味で通常の書ではない。欧州台頭を可能にしていく世界システムに基づく理論家として知られるイマニュエル・ウォーラースティンの二十一世紀世界システム論をたたき台にして、世界の論者が一九九九年に欧州のへそとでもいうべき所に位置するルクセンブルクで喧々囂々の議論を交わした。その結実はダッチ・ユニヴァーシティー・プレスから昨年末に英文で刊行された。主題は、アメリカの覇権は衰退しはじめているのか、そうだとしたら、二十一世紀の前半はどのような展開をみせるのか。このような、普通ならば真剣に議論しにくい論題をとりあげているということが本書を通常でないという大きな理由である。

誰が世界の論客か。まず米国からはリチャード・クーパー（経済学、ハーバード大学）、ウィリアム・マクニール（歴史学、シカゴ大学）、ウィリアム・プファフ（インターナショナル・ヘラルド・トリビューン、パリ）、そしてイマニュエル・ウォーラーステイン（社会学、エール大学）、欧州からはルクセンブルク欧州国際問題研究所所長のアルマン・クレス、ハンガリーのアンドラーシュ・バラシュ（外交官）、イシュバン・レフ（歴史学、中欧大学、ブダペシュト）、オランダのヨハン・ホウルツブロム（政治学、アムステルダム大学）、ヘルマン・ファン・フンステレン（政治学、ライデン大学）、バルト・トロンプ（政治学、ライデン大学）、ロシアからはアンドレイ・フルソフ（地域研究、科学情報研究所）、セルゲイ・ロウネフ（地域研究、東洋学研究所）、ユーリ・ピボバーロフ（政治学、モスクワ）、グレリ・シローコフ（地域研究、東洋学研究所）、チェコ共和国からジリ・ムジール（歴史学、中欧大学、プラハ）、スイスからギー・キルシュ（経済学、フリブール大学）、英国からはクリストファー・コーカー（政治学、ロンドン大学）、林春（政治学、ロンドン大学）、第三世界からサミール・アミン（社会学、ダカール）、タリク・バヌリ（経済学、パキスタン）、エンリケ・ドゥセル（経済学、国立自立首都大学、メキシコ）、パブロ・ゴンサレス・カサノーバ（総合研究、国立自立首都大学、メキシコ）、残るはイスラエルのシュムエル・アイゼンシュタット（社会学、ヘブライ大学）、日本の猪口孝（政治学、東京大学）である。

左右もあれば、南北もあり、東西もある。社会科学もあれば人文科学もある。ウォーラーステインの本書における「三二の命題」は、二十世紀はなんだったのか、という、例によって壮大なものである。これは会議前に配付されて、議論は白熱した。二十世紀とは何だったのかという「三二の命題」をめぐって一般的な評価づけを行なったのが、サミール・アミン、猪口孝、パブロ・ゴンサレス・カサノーバ、そしてリチャード・クーパーの各論文である。そのほかウォーラーステイン批判と地域的視点でまとめられた小ノートがある。名だたる世界論者による論戦であることも重要であるが、それに劣らない意味が隠されていた。この会議は丸二日間、ルクセンブルクでもシェンゲンという小さな町のはずれにあり欧州連合の礎石となる会合が開催された、記念すべきその家で行なわれた。その四年後の予想外の展開によって、米欧分裂の大きな兆しが広がったために、シェンゲンで開催されたこと自体が不気味な意味に思えてくる。この意味でも本書は通常でない。

本書は、この書物を原点としつつ、日本で独自に編集されたものである。すなわち、同書より「三二の命題」を訳出し、命題をめぐるディスカッションは、編者猪口が要約して紹介した。

通常の書物でない第二の理由は、「三二の命題」をめぐってイラク戦争の直中で東京において直球、曲球が入り乱れて行き交うことになった老若の論客を集めての座談会で二十一世紀の展望を試みていることである。このことが本書を通常なものでなくしている。さらに、イラク戦争直後にはウォーラーステインが「三二の命題」の「あとがき」を急ぎ寄稿、知的興奮をさらに高めた。東京における論客とは誰か。レギュラシオン派的解釈を展開する山田鋭夫の世界資本主義論、イスラム世界の解釈者加藤博、中国的世界解釈の朱建栄、外に開かれた日本的世界史論の川勝平太、それにアメリカ資本主義論の猪口孝である。イラク戦争で明確になりつつある西側世界の静かな亀裂と他の地域のむしろ奇妙なまでの静寂のなかで、いったい何が展開しているのだろうか。シェンゲンで生まれた欧州連合とその基礎になった大西洋同盟、ハンティントン流にいえば大西洋文明に亀裂が見えてきたのである。四年前には必ずしも自明ではなかった考えである。四年間の歳月を挟みながら、それをひとつの書物にした本書はこの意味でも通常ではない。そしてそのことが本書の不思議な育ちを示すのかもしれない。

もうひとつ本書を非常に通常ならざるものとしていることがある。一九九九年の会議を基礎にした英文学術書が二〇〇二年末に刊行されるや否や、猪口孝は即座に、失礼も省みず、誰も介さないで藤原書店の藤原良雄氏に電話、直ぐに面会、しかも二〇〇三年の世界史的展開を見通すような座談会を提案し、即諾を得たことである。藤原氏は大きなふところでこの破天荒な企画案を呑んで下さった。心からの感謝を十分にはとても表現できない。座談会参加者からは年度末、年度初頭という最悪のタイミングにもかかわらず、これまた快諾を得た。これまた通常ではなかなかありにくいことであった。参加者に深甚の謝意を表する次第である。

時代は流れる。その流れの性格の変化を敏感に嗅ぎとった論客の考えを表現しているのが本書なのである。

二〇〇三年六月九日

猪口 孝

われわれが踏み込みつつある世界

2000—2050
（三三一の命題）

イマニュエル・ウォーラースティン

尹春志 訳

本書全体の表題（The World We Are Entering, 2000-2050）とそのサブ・テーマにかんする議論を喚起するために、まず一連の命題を列挙することから始めるのが最も有益であろう。私の主張は、「二〇〇〇―二〇五〇年に、われわれが踏み込みつつある世界」についてのいくつかの前提に基づいている。**第一**に、この時期は、われわれが一五〇〇年から二〇〇〇年に暮らしてきた世界とは異なる世界への歴史的移行期にほかならないが、来たるべき世界がどのような形態と内実をもつものになるのかは全く予測できない。**第二**に、このかなり長期にわたる（約五〇年の）移行期は、すでに始まっており、それは次の意味で「暗黒の時代」となるであろう。つまり、それは、われわれが一体どこに向かっているのか、あるいはどこに向かうべきなのかさえ知りえない知的不確実性の時期であるばかりか、散発的ではあるが巨大な暴力と個人の不安を伴う時代なのである。そのような移行期は激しい政治闘争の時期とならざるをえない、――たとえその対立図式が、必ずしもうまく線引きできるものでないとしても――、というのが**第三**の前提である。そして**第四**に、結果が予測不可能であるかぎり、この闘争のもたらす帰結は、先鋭化した政治闘争の内容に左右されるのであって、それを悲観することも楽観することもできないとの前提に立っている。だが、このことを裏返してみれば、実際には、大小を問わず、人間の活動が、そうした闘争の結果にかなりの程度影響を及ぼすことができるということも意味している。そして、そのような人間の活動が重要性を帯びるのは、世界システムが「正常」に作動している時期よりも、まさにそうした移行期においてなのである。

I　二十世紀のバランスシート

二十世紀は、資本主義世界‐経済（Capitalist world-economy）の歴史的展開が頂点に達した時期である。その制度は全面的な発展を遂げ、それが包含する範囲も最終的に世界的規模のものとなっている。その長期的傾向（secular trends）の多くは、漸近線に到達するか、あるいは到達しつつあったのだ。二十世紀は、資本主義世界‐経済の物的生産と資本蓄積が最高点に達した時期である。だが、それは、物的破壊と暴力による死が極点にまで至った時代でもある。二十世紀には、民衆意識と民衆圧力という点で、民主化は絶頂期を迎えたが、有効な専制国家構造（efficacious despotic state structure）もまた隆盛を極めた。ホブズボーム（Hobsbaum）の言を借りれば、まさにそれは「極端な時代」であったといえよう。

一　米国の世紀なのか、あるいは非西洋世界の再主張の時代か

二十世紀を分析的にみれば、それは全く逆説的な時代であると言える。二十世紀ほどに西洋による世界支配が広範囲に及んだ時期は一度もなかったように思われる。だが他方で、それは西洋による支配が巻き返しにあった世紀でもある。また、二十世紀ほど人権や自由というイデオロギーが広範かつ多方面に広がったこともなかったように思えるが、それは極めて圧制的な体制が広く長期にわたって繁栄した世紀でもあった（ナチズム、スターリニズム、アパルトヘイト及びあらゆる大陸に現れた極めて抑圧的な独裁政権をみよ）。さらに二十世紀は、反システム運動が大勝利を収めた世紀であったが、それは同時に反システム運動に対する幻滅の世紀でもあったのである。

それでは、（かつてないほどの広がりをもつヘゲモニーである）米国のヘゲモニーと非西洋世界の再主張という二十世紀の二つの中心的な現実は、互いに矛盾しあうものであったのか、それとも共生関係にあるものであったのか。いずれにせよ、この二つの現実が、何ゆえに同時発生しているのかについて説明する必要はあるであろう。

命題1　二十世紀前半は、世界システムのヘゲモニー継承をめぐる米国とドイツの長期の「三〇年戦争」によって特徴づけられる。陸の権力であるドイツは、世界システムを世界‐帝国へと変容させる道を進んだ。これに対して、海／空の権力である米国は、かつてのヘゲモニック・パワーである英国の助けを借りつつ、資本主義世界‐経済を定義する経済的、政治的、文化的構造のより緩やかな複合体を維持しようとした。

命題2　一九四五年に米国（及びその同盟国）が最終的な勝利を収めたことによって、米国にはヘゲモニー的な世界秩序の構築が可能となった。その意味で、これを「米国の世紀」と表現したヘンリー・ルース*（Henry Luce）の叙述は正当なものである。莫大な物的破壊と人口統計学的破壊を免れた唯一の工業大国（industrial power）として、一九四五年に米国の経済力は頂点を極めたが、米国は、それを政治的／軍事的、そして文化的力にまで転換した。米国は、一九七〇年頃にいたってもなお、本質的にヘゲモニック・パワーとして揺ぎない地位にあった。だが、それ以降、その実効力は緩やかではあるが着実に衰退している。

* **ヘンリー・ルース**　『タイム』（一九二七年）、『フォーチュン』（一九三〇年）、『ライフ』（一九三六年）などを次々に創刊し、一代で米国ジャーナリズムのスタイルを築いた「メディアの帝王」。「米国の世紀」は、一九四一年二月にルース

自身が『タイム』に寄稿した記事のタイトルでもある。また彼は、親台湾ロビーの中心的人物としても活躍し、長らく米国の対中国政策に最も大きな影響力を発揮したと言われている。

命題3

アンドレ・フォンテーヌ*（André Fontaine）が論じているように、冷戦は、すでに一九一七年の時点で開始しており、一九四五年の「ヤルタ」合意は、それを定式化し構造的に限定するものであった（それは一九四五―一九五三年にかけて実際に交渉された取決めを象徴するものである）。ヤルタとは、次の条件に基づいて、注意深く細部にわたって規定された休戦協定にほかならないのだ。その条件とは、（a）ソ連は、広大ではあるが限定された地域（「社会主義ブロック」）の枠を軍事的に超えないことを前提に、その範囲内で権威を保持することができる、（b）ソ連は、戦後復興に際して米国からの経済援助を期待することはできないものの、この地域内では重商主義的政策を追求することができる、（c）各陣営は、自陣の結束を固め支配するために、敵対的なレトリックを用いることができ、実際、使わなければならない、の三つである。注目すべきは、この休戦協定が、冷戦をつうじて、大体において深刻な例外を伴うこともなく遵守されたという点である。

＊ **アンドレ・フォンテーヌ**　フランスのジャーナリスト・歴史家。フランスの国民的新聞『ル・モンド』の共同編集者を務め、数々の時事的な論評を発表した。また冷戦を米ソのイデオロギー競争という観点から分析し、その起源をロシア

革命成立にまで遡った冷戦史研究に *Histoire de la Guerre Froide*（Paris, Fayard, 1967）がある。

命題4 汎ヨーロッパ世界による他の地域への政治的侵略は、一九〇〇年頃に頂点に達した。二十世紀は、この直接的な侵略に対する非西洋世界の巻き返しの時期であったということができる。この動きは、一九〇五年にロシアが日本に敗北したことに始まり、一九四五年以降速度を増し、一九七〇年までには実質上あらゆる地域で公式の民主化（及び／もしくは民族革命（national revolution））が達成された。そして、一九九〇年代の南アフリカが、その最後の主要な「民主化」の地となった。

二　社会・民衆運動

二十世紀をつうじて、社会・民衆運動は、実質上世界のあらゆる地域で強化された。この運動は、（公式性（formality）の度合いは異なるが）国家の枠を超えた複数のネットワークを形成し、それとともに国家レベルのみならず世界的舞台でもその力を増していった。そうしたネットワークは、物的政治的支援や戦術モデルを互いに提供しあい、（直接的な連帯やこの運動がともに歴史の未来を代表しているという心情の形をとりつつ）道徳的に励ましあう役割を果たしたのである。

命題5　われわれは、十九世紀に二系統の主要な社会・民衆運動の出現を見た。つまり労働／社会主義政党と民族主義運動である。この二つの運動はともに、平等（階級平等、つまり民衆の平等）を求めるレトリックを有するという点で共通し、それゆえに、非平等主義的だとみなされた既存の政治‐社会構造と対立するものであることを自認していた。その意味において、この二つの運動は、反システム運動と呼べるものであった。

命題6　十九世紀後半になると、これらの運動は、組織的に極めて弱体化した。にもかかわらず、この運動は、国家機構の支配が世界の変革という最終目標に向かう中間段階（したがって中間的な政治目的）でなければならない、と主張する人々と基本戦略をめぐる執拗な内部論争に着手した。そして、いかなるものであれ国家構造への政治的関与に懐疑的な人々や、そうした関与ではなく個人や集団としての人間の変革に力点を移す人々に対して反論を繰り広げたのである。国家志向の少数派が、この二つの運動のなかで勝利を収め、その結果、反システム運動は、二十世紀をつうじて、国家権力の掌握にその照準を定めることとなった（よく知られた社会民主党（the Social-Democrats）と共産党（the Communists）のあいだの分裂は、第一義的には社会主義者が国家権力を掌握する手段にかんする論争であった）。

命題7　客観的には、十九世紀に政治的に大きく弱体化したといってよいこの運動が、一九四五年以降になると、客観的に見ても政治的に大きく強化され、その地位を逆転させている。本質的に、あらゆる場所において、この運動が事実上権力を掌握したのである。世界の約三分の一に相当する社会主義ブロックでは、共産党が政権の座についた。いわゆる第三世界では、民族解放運動（あるいは公式の植民地統治を経験していない諸国ではそれに相当するもの）が、ほぼあらゆる場所で権力を握った。また汎ヨーロッパ世界でも、保守系政党までもが基本的にはケインズ主義政策を是認するという政治環境のなかで、たとえ政権掌握や政権交替とまではいかなくても、社会民主党の台頭を見たのである（この社会民主党には、大きくいって労働党や民主党ニューディール派（New Deal Democrats）までが含まれると考えるべきである）。

命題8　反システム運動の成功は、同時にその失敗をも意味した。たしかに反システム運動は、民衆の支援を動員し、世界中の政府をして十九世紀の基準からみれば信じがたいような改良主義的法律の制定をなさしめた。この運動によって、国家統制型再分配という概念が正当化されたのである。だが、その一方で、この運動による権力掌握の結果は、想定されていたものと比べれば、はるかに狭い範囲にしか及ばなかった。世界は、そして個別国家ですら、いまだに極めて分極化したままなのである。実際、福祉国家は、下層階層よりも中間階層を利するものであったように思われる。意思決定面での民衆による実質的管理の度合いも根本的に変化することはなかった。その結果、反システム運動の基本戦略に対する幻滅が広がっていったのである。それは、まさに、この運動が実際に権力を握ったにもかかわらず、世界の大多数の住民の目には、世界は依然として基本的に不公平であり不平等であると映ったからにほかならない。

II 資本主義世界-経済の推進力とジレンマ

近代世界システムは、一つの資本主義世界-経済であり、そうあり続けてきた。このことは次のことを意味する。（a）その主要な原動力は、終わりなき資本蓄積であり、この目的を達成しようとする人々は、いかなる理由があろうとも、それを追求しない人々よりも構造的に有利になる。（b）この世界システムの境界は、効果的な分業の関数であり、そうした分業は、時間の経過とともに地理的に拡大し、十九世紀中葉以来、地球全体をカバーするものとなっている。（c）いわゆる主権国家群が、その境界内部に誕生する。こうした国家の国境が重複することはなく、そのため世界システム内部には請求権のない空間はもはや存在しなくなっている。これらの国家は全て、国家間システム（interstate system）において結びつき、それによって国家の行動には制約が課されている。（d）資本蓄積が生じるのは、部分的に自由な世界市場の内部においてである。ここで部分的に自由であるとされるのは、この市場では、いかなる国家であれ、蓄積を制約する単一の国家の能力は制限されるが、より強力な国家が世界市場に擬似的な独占を確保することは可能だからである（だが、そうした独占の基礎が他の国家によって掘り崩されるのは避けようがなく、そのため、独占を継承することになるのも他の国家となる）。（e）国家の権力が不平等であることによって、世界余剰の分割もまた不平等なものとなりうる。その結果、周辺から中核への持続的なフローが確保される。（f）資本主義世界－経済には拡張と収縮からなる周期的な（コンドラチェフ）サイクルが存在する。このサイクルは、主に特定の独占が完全に使い尽くされることによって引きおこされ、その結果、世界経済の活動は、部分的に再び局地化（relocalizaiton）されることになる。だが、それは世界システムの経済地理を繰り返し変化させる過程であって、その基本的な形態や作動様式を変化させるものではなかった。

三　「グローバル化」とその帰結

一九九〇年代に入り世界－経済の言説を支配しているのは、グローバル化という概念である。それは、世界市場の新しい現実であり、いかなる国家もその論理から逃れる術がないほど強力なものであると考えられている。あるいは、マーガレット・サッチャー（Margaret Thatcher）の言を借りるならば、超国家的な金融フローに対する規制撤廃には、「選択の余地は存在しない（there is no alternative；TINA）」とみなされているのである。

命題9 今日、「グローバル化」と名づけられているものに何も新しいものはない。それは、資本主義システムが機能する正常な様式にすぎないのだ。グローバル化が言及しているのは、資本主義世界－経済が、その草創期から機能上不可欠の要素として備えていた特徴（国境をまたぐ貿易及び資本のフロー、国家、より強力な国家ですらこうしたフローを妨げる能力が制限されていること、そして企業が国家に対して、その拠点となる国家に対してまでも、両面価値（ambivalence）を持っていること）か、あるいは断続的に繰り返される世界－経済の行動様式（生産効率を通じた蓄積の優位性ではなく金融操作を通じた蓄積の優位性と、国境を越えた取引の比率が高くなりそのような取引に対する国家的な障壁の比重が低下すること）のいずれかでしかない。グローバル化が後者を第一義的に語るものであるとすれば、一八七三年から一九一四年の時期に最も顕著であった近代世界システムの歴史上類似の時期と比べて、今日の世界－経済が「グローバル化」しているという証拠はどこにもないのである。

命題10　「グローバル化」という概念は、主要にはある政治目的をもつレトリックとしての役割を演じてきた。賃金水準のグローバルな引き下げ、資本の自由フローに対する国家的障壁の撤廃、（教育、医療、生涯所得保証に対する）再分配的国家支出の削減が、その目的に相当する。このレトリックは、一〇年間（原則的には一九八五―一九九五年）にわたって、ますます正当なものとして受け入れられ、そうした国家政策の変更だけでも、（実際には、公言されているほど広範囲に及ぶものではないが）世界システムのいたる所で、社会的な揺り戻し（social backlash）を生み出すのに十分なものとなっている。そのため、この路線に沿って、多くのさらなる変更を近い将来に実行することは、到底不可能となっているのである。

命題11　このレトリックは、当初広範囲に受け入れられ、世界の左翼勢力に混乱の種を蒔いた（そうした混乱は実際に生じたが、それはヨーロッパにおける共産党の崩壊の後であって同時に起こったのではない）。だが、その社会的揺り戻しは、今や次の二つの点で世界の右翼勢力にも混乱を巻き起こしつつある。まず世界システムのレベルでは、グローバル化の「正統」の教えを説く人々（たとえばＩＭＦ）とＩＭＦ政策がもたらすマイナスの政治的結果を考慮すべきだと主張する人々（たとえばキッシンジャー（Kissinger）やジェフリー・サックス*（Jeffrey Sachs））のあいだの分裂がますます大きくなっている。また国家レベルでは、伝統的に支配的な「経済」保守主義者と、ポピュリスト／ナショナリスト／様々な種類の宗教的レトリックから政治的支援を取り戻そうとしているよりラディカルな「社会」保守主義者とのあいだの対立がますます深まっているのである（フランス、イスラエル、そして米国における右翼内の論争をみよ）。

＊ **ジェフリー・サックス**　ハーバード大学教授。ハーバード国際開発研究所所長、米国国際金融機関諮問委員などを歴任し、ＩＭＦ、世界銀行、ＯＥＣＤなどのコンサルタントも務める。一九八〇年代末から九〇年代初頭にかけてポーランドの「連帯」、ロシア・エリツィン大統領の経済顧問チームのメンバーとして、ロシア・東欧移行経済の急進的市場経済化（ショック・セラピー、ビッグバン・アプローチ）を提唱・指導した。だが、一九九七―九八年のアジア危機後は、ＩＭＦのコンディショナリティ政策批判に転じ、「新古典派経済学からの亡命者」と呼ばれている。

命題12　現行の「グローバル化」は、その草創期から資本主義世界-経済に内在していた諸過程のさらなる深化にすぎない。しかし、グローバル化を、この多様な諸過程が漸近線に到達しつつあり、その結果、われわれの関心を引くほどの蓄積水準を維持するシステムの能力が脅かされるようになった段階とみなせば、そこにこの概念の意義を見出すこともできる。そうした過程には、次の三つが存在する。（a）第一に、グローバルな賃金水準に対する持続的な上昇圧力である。世界の脱農村化（deruralization）が進行している状況では、極端な低賃金を進んで受け入れる新たな賃金労働者（wage-earner）群を取り込むことで、この上昇圧力を埋め合わせることはもはやできなくなっているのである。（b）第二に、容易な廃棄物処理は使い尽くされ、かけがえのない天然資源も枯渇しつつあるなかで、全ての企業が〔そうした負の外部性の〕コストを内部化する必要に迫られている。（c）第三に、世界政治の「民主化」によって、教育、医療、生涯所得保証といった分野で国家による再分配の必要性が高まっているのである。

四　分極化とその帰結

分極化とは、最底辺層と最高位層のあいだの所得（及び／もしくは資源の消費）格差を意味する。それは単一の国家内部でも測定することが可能であるし、全体としての世界システム内部でも測定することができる。ここで相対的分極化とは、最底辺層の所得に対する最高位層の所得の比率を指す。また絶対的分極化とは、一定の貨幣単位で計って、最高位層と最底辺層がそれぞれ上下変動するかどうかを測定するものである。より豊かで強力な国家の内部で分極化が衰退する一方、世界－経済における分極化が進行するといったことは全く起こりうる事態である。もちろん、絶対的分極化がなくても相対的分極化は存在しうる。

命題13　世界システムの歴史を通じて——経済的、社会的、そして人口統計学的な——分極化は拡大し続けてきた。世界システム全体のレベルでみても、大多数の国家の国家レベルでも、今日ほど大きな分極化が存在したことはなかった。

命題14　分極化が、絶対的なものであるのか、あるいは単に相対的なものにすぎないのかといったことは、それがもたらす政治的な帰結からみれば問題ではない。というのも、分極化に対する憤りは、相対的分極化によって左右されるからである。いわゆる情報革命は、分極化の範囲がどの程度であり、その中味がどのようなものなのかをより目に見える形にする役割を果たしている。

命題15　より豊かな／より強力な国家の内部で、これまで相対的に政治的平穏が保たれてきたのは、分極化の直接の結果であったといってよい。歴史的に、分極化は、こうした国家内部の階級分配を変容させ、世界人口のわずかな比率でしかないグローバルな分極化の主たる受益者の一部が、そうした国家の大多数の住民で構成される、という状況を生み出しているのである。

命題16 グローバルな分極化が存在したにもかかわらず、南北間の「市民戦争（civil war）」が現実に経験した以上の世界的広がりをもたなかった理由の一部は、たしかに北側の軍事的な強さに求めることができる。だが、それは、運動の側が「歴史は、われわれの味方である」と説いてまわった結果でもあるのだ。とりわけ、革命運動と呼ばれるものが国家権力を掌握すると、こうした運動の布教活動（preaching）が、下層階層の耐え難い状況（imapetience）を緩和し、そうした階層の〔南北間の市民戦争への〕動員を解く（demobilizing）という効果を発揮したのである。

Ⅲ　ジオ・ポリティカル〔地政学的〕な再調整なのか？

定義上、国家間システムは、究極の政治的権威が一つの地域（そして一つのエスニック・グループ）に集中する世界‐帝国ではない。にもかかわらず、このシステム内部の諸国家の政治的／経済的な強さには格差が存在することも明らかである。それゆえに、われわれは強力な国家あるいは大国（great powers）を問題にすることができるのである。大国は互いに抑制しあい、勢力均衡（the balance of power）とは、このことを意味する。たしかに、大国は、政治的権力／影響力を恒常的に高めようともしており、実際、そのことによって、その市民全体の経済的な福利と自国領土内部にとどまる主要企業の満足度がともに高められている。そうしたより大きな権力／影響力を実現するには、次の二つの経路が存在するといえるだろう。一つは、他の大国を征服する、つまり世界‐経済を世界‐帝国として構築する経路である。この経路は、過去五世紀にわたって繰り返し試みられ、（それに反対する大規模な動員がなされた後になってからではあるが）繰り返し失敗してきた。もう一つの経路は、（必要ならば国家の行動によって補強されつつ）自国内部に立地する企業が事実上の擬似的独占から利益を享受できるよう、野心に燃える主導的国家がある程度の経済的優位性（効率性）を達成するという道である。そして、この経済力を、当該の国家は、政治的／軍事的そして文化的優位性／リーダーシップへと転換することができるのである。この場合、そうした国家は、「ヘゲモニーを握る（hegemonic）」、すなわち一つの世界秩序構造を世界システムに課すことができるようになったということができる。

ヘゲモニーの行使を当初可能にしていた条件が、それに伴うコストによって掘り崩されるという点では、経済的独占と同様、ヘゲモニーもまた自壊的（self-liquidating）である。ヘゲモニック・パワーが衰退するにつれて、他の国家がそれに取って代わろうとする。歴史的にみれば、このことは、世界‐帝国の経路を選択する陸の権力と経済的優位性によってヘゲモニーを確立する経路を選択する海／空の権力の闘争となって現れてきた。それが、各々の歴史的場面で、「三〇年戦争」（すなわち、全ての大国を巻き込み大規模な物的人的破壊という結果をもたらす戦争）を引き起こしてきたのである。この戦争に勝利を収めるのは、常に世界‐帝国の建設を追求する大国ではなく、ヘゲモニーを追求する大国であった。かくして、われわれは、ヘゲモニーの循環（cycles of hegemony）について論じることができる。実際、近代世界システムの歴史のなかには、主に三つのヘゲモニーが存在した。つまり、十七世紀中葉に最高潮に達したネーデルラント連邦（United Provinces）、十九世紀中葉に絶頂期を迎えた英国、二十世紀中葉に隆盛を極めた米国のヘゲモニーである。ヘゲモニーが頂点を極めた期間は、いずれの場合も相対的に短いものであった。

英国のヘゲモニーは、一八七三年頃衰退し始め、それに、ヘゲモニーの継承をめぐる米国とドイツの闘争が続く。この闘争は、一九一四―一九四五年に勃発した「三〇年戦争」によって頂点に達する。そして、すでに述べたように、米国のヘゲモニーが、一九四五―一九七〇年にピークを迎え、以降衰退し続けているのである。

五　三極とその反目

米国のヘゲモニー衰退の始まりは、まさに自己の経済的そして政治的／軍事的地位を強化するために、米国自身が請け負ってきた活動そのもの、つまり西ヨーロッパと日本の経済的生産の復興がもたらした帰結にほかならない。戦後直後の時期、米国の工業製品は、西ヨーロッパや日本で現地生産される製品に対して、まだ競争力を保持することができた。だが、一九六〇年代後半ともなると、もはやその力は失われ、西ヨーロッパや日本は、再び国内市場を支配しただけでなく、第三国市場や米国市場においてまでも米国と効果的に競争することが可能となったのである。

命題17　西ヨーロッパや日本の経済力の高まりが、一九七〇年代までに、資本蓄積の場（loci）の三極化と呼びうる状況を生み出し、この三者間の経済的効率性の違い、それに由来する生産力の格差は、もはやさほど重要なものではなくなってしまった。三極は、世界市場におけるシェアや次世代主力産業の支配をめぐって競争を開始した。これに対して、米国は、三極委員会を創設し、さらには冷戦を過熱させることによって、この相対的な経済力のシフトが、政治的領域にまで及ぶことを抑制しようとした。

命題18　一九七〇―二〇〇〇年は、一つのコンドラチェフ長期波動のB周期に相当し、この時期に生産的活動から生じる利潤が低下したことは、主に次の二つの結果をもたらした。（a）三極を構成する三つの場のあいだで、生産によって発生する利潤をめぐって激しい闘争が繰り広げられ、三極は互いに景気下降が生み出す諸結果、とりわけ失業を輸出しようとした。だが、この時期には、そうした闘争の相対的な成果という点でいえば、三極のあいだで振り子運動が存在したといってよい。（b）この時期には、生産利潤による資本蓄積から金融上の操作による資本蓄積へと重点のシフトが起こっている。米国は、ドルが準備通貨としての役割を果たしていることによって、後者における優位性を保持することができた。一九九九年の時点でも、このB周期は終わっていない。

命題19　このB周期に新たなA周期が続く可能性もある。そこでは、コンドラチェフ波動の下降局面で展開された技術革新が、（情報科学（informatics）、バイオテクノロジー、新エネルギー資源といった）主力産業へと変貌することになるだろう。これらの産業は、押並べて独占を形成し、それによってその収益性は極めて高いものとなる。そうした産業の主座を占めようとする三極間の競争はすでに激しさを増しており、今後もそれは継続されるであろう。二十一世紀の前半には、日本とヨーロッパ連合が米国よりも成功する可能性もある。だが、結局は、米国と日本が、ヨーロッパ諸国を撃退すべく、その経済的取り組みを統合し、それに成功することになるものと思われる。

命題20　二十一世紀の前半は、三極間の経済競争において中国とロシアが重要な役割を演じることになる。両国は、それぞれ、領土と人口の面で大国であると同時に、強力な軍事力を有し、それをさらに発展させる意図を持っている。経済的にみれば、この二つの国は、未開拓ではあるが巨大な消費市場、生産的活動に有利な低い賃金水準、魅力的な投資圏という三つの優位性を提供している。その各々が、国民統合（national integrity）を維持できると仮定すれば、中国とロシアは、おそらく地域経済複合体への統合（中国の日‐米圏への統合とロシアの西ヨーロッパ圏への統合）をめぐる交渉で好条件を勝ち取ることができる。これが現実のものとなるならば、その結果、両国以外の三極を構成しない国々は、主要な投資圏となる能力を低下させることになる。また、中国とロシア自身は、北側の一員になりたいという野心と南側の一員として感じる憤りとのあいだで文化的に引き裂かれることになるだろう。

六　南‐北対立の複合形態

南‐北というのは、たとえば生産的活動といった中核の場（loci of core）が集中する（それゆえに政治／軍事的観点からみても豊かで強力な）国家と、資本主義世界‐経済内部に配置されるそれ以外の領域の全てが集中する国家との地理的な関係を省略的に表現したものにすぎない。この関係は、当初から帝国主義的なもの（すなわち、武力の使用を含むもの）であったが、これまで、この帝国主義は、公式の形態（植民地統治）をとる場合もあれば、「非公式」のものとなる場合もあった。前述のごとく、二十世紀は、脱植民地化、つまり公式の帝国主義統治が終焉を迎えた時期である。にもかかわらず、南北間の不平等な権力関係は、未だに国家間システムと世界-経済が作動する基本的な要素となっているのである。

二十世紀における脱植民地化の現実の過程は、（アルジェリアとベトナムを顕著な事例とする）植民地領土や（中国とキューバを顕著な事例とする）いわゆる半植民地諸国における暴力的な反乱と、いわゆる平和的権力委譲が混在するものであった。前者の暴力的反乱の事例が誘引となって植民地権力が平和的権力委譲の速度を速めたことは間違いないように思われる。また、前者によって後者が可能となったといってもよい。二十世紀の反植民地／反帝国主義運動は、ほとんどの場合、反西洋的色彩を帯び、人権と可能性についての啓蒙主義的な仮定や言説を共有するものであった。だが、民族解放運動は権力の掌握には成功したが、グローバルな分極化を緩和することはできなかった。こうした点からみて、二十世紀最後の二〇年間には、新たな形態の南北間の闘争が、ますます重要性を帯びるようになり始めている。

命題21 アヤトーラ・ホメイニ（Ayatollah Khomeini）によって指導されたイラン革命は、そのような闘争モデルの一つを代表するものである。この対立の中心に位置するのは、世俗国家概念を含めて、西洋の世俗文化とみなしうるあらゆる形態を根本的に拒否することであった。また、このことは、国家間システム内での行動を統治するために歴史的に確立された規範をも拒否することを意味した。（イスラム原理主義のみならず）原理主義と呼ばれる多様な運動は、このテーマが形を変えたものにほかならない。

命題22 サダム・フセイン（Sadam Hussein）が公然と示した敵対行動が、第二の闘争モデルである。だが、それは反世俗主義闘争とは形態において全く異なっている。彼のとった行動は、南の軍事力を急激に増強し、「ビスマルク的」統合戦略と軍事行動をとることによって、南‐北間の分極化が克服可能であるとの前提に立っていた。この戦略には、現状維持の合意に対して直接反逆することが求められているのである。この闘争モデルが、今後もとり続けるであろう形態、ほぼとどめようのない一つの形態が、核兵器や生物化学兵器の拡散である。

命題23 世界の社会経済的そして人口統計学的な分極化の高まりが、南から北への移民フローを生み出しており、それはもはや北が公的に許容できる水準を超えてしまっている。このことは、次の二重の結果をもたらした。（a）人の移動に対する法的な制限はますます厳しいものとなっているが、そうした規制ですら大体において有効性を喪失している。（b）南（「その内部の第三世界」）から移民してくる住民が人口に占める比率は、北米、西ヨーロッパ、日本で着実に上昇しており、いずれにおいても今後半世紀にわたって、四〇％を超えることはないにしても、人口の一五～四〇％に達することは間違いない。その結果、北を構成する諸国では、歴史的な支配階層とエスニックで特定される階層との社会的な内部対立が深刻なものとなるであろう。後者は、経済的社会的にみて底辺に位置し、ことによると政治的権利までもが剥奪されており、普通の「市民権」を獲得するために闘っている階層なのである。

命題24　これらの難問が、単独で起こるとすれば（今までのところそうであったが）、その各々を北が政治的に阻止することは可能であるかもしれない。だが、複数の難問が同時に生起するという見通しに立つならば（異なる種類の難問が同時に起こる場合も、いずれか一種類の難問が複数生じる場合も）、北がグローバルな無秩序を阻止する政治的／軍事的能力には、おそらく深刻な制約が課せられることになるであろう。

Ⅳ　ジオ・カルチャー〔地理的文化〕の危機なのか？

十九世紀と二十世紀をつうじて、近代世界システムは、イデオロギーの三重唱とともに存在し続けてきた。その三つのイデオロギーとは、通常、保守主義、自由主義《リベラリズム》そして社会主義／急進主義《ラディカリズム》と呼ばれるものである。その各々は、理念の集合として長期にわたる複雑な歴史を持っており、そのそれぞれに対して多くの代替案が提起されてきた。

この三つのイデオロギーに対する最も適切な理解は、それらが、フランス革命によって変容を遂げた近代世界システムの政治環境への反応であるというものである。フランス革命は、政治的な不安を掻き立てる二つの教義、つまり、政治的変化が常態であるという理念と国家の主権は「人民」に存するという理念に対する正統化を広く行き渡らせるものであった。当初、保守主義者とは、この二つの教義を拒否する人々のことを指し、彼らは、権威の伝統的な源泉――君主、貴族、教会、家族――に対する信任の回復を求めていた。また、自由主義者《リベラルズ》とは、個人の権利の平等に基づいた変化／進歩という概念を奉じる人々であり、合理的に、それゆえに思慮深い速度でやり遂げる専門家によって改革が実行されることを彼らは望んでいた。そして、急進主義者《ラディカルズ》とは、平等主義的な世界に向けた進歩が、民衆勢力の行動によって加速されるべきであり、それによってのみ実現できると主張する人々であった。今日、われわれは、これらの立場を、右派、中道、左派という呼称で呼ぶようになっている。

七　イデオロギーの危機なのか？

一八四八―一九六八年にかけて、主要には次の二つの意味で、自由主義派の立場が世界システムで支配的であったことは明らかであるように思われる。（a）この時期、保守主義者も急進主義者も、自己のレトリックと政治行動を自由主義的理念の方向に修正し、代替イデオロギーとしての役割を弱体化させている。また（b）限定的で、部分的ではあるが、「危険階級（dangerous classes）」の要求に対して適応する自由主義プログラムが、実際に実行されている。それは、まず長期の十九世紀において（普通選挙権の付与と福祉国家原理の受容という形態で）工業諸国内部で成立し、次に二十世紀になると、（民族自決と低開発諸国の経済発展という形で）世界レベルで追求された。

この自由主義的な政治プログラムの妥当性について広範囲な合意が形成され、自由主義は、少なくとも十九世紀と二十世紀の世界システムにおけるジオ・カルチャーを構成するものとみなしうるようになったのである。

命題25　しかしながら、「危険階級」に対する自由主義的な適応が成功を収めたのは、世界レベルで追求された二十世紀ではなく、より豊かな／工業諸国という国家レベルで追求された十九世紀においてである。それには次の二つの理由がある。（a）工業諸国では、勤労階級（working class）の要求に適応しても、グローバルな資本蓄積という観点からみれば、そのコストは相対的にわずかなものであった。また、（b）この改革は、世界レベルでみれば人種差別主義者であった勤労階級（つまり他の未開の人種ではなく文明化された白人）を政治的かつ国民主義《ナショナリスト》的に取り込むことによって補強された。これに対して、類似の処方を世界レベルで適用する試み（非西洋世界人民階級の要求に対する適応）は、次の二つの障害に突き当たった。すなわち、単一の世界「福祉国家」のコスト（低開発諸国の経済発展）は、資本蓄積の観点からみて法外に高くつき、世界レベルでは、（もはや外なる他者が存在しなくなるために）人種差別主義の利点を活用することができなかったのである。

命題26 一九六八年の世界革命の成果は、少なくとも短期的にみれば、政治的にも経済的にも最小限のものにすぎなかったが、ジオ・カルチャーに対する影響という点からすれば、それが持つ意味は深遠なものである。世界の至る所（三極、社会主義諸国、そして第三世界）で繰り返し立ち現れるテーマは、中道的な自由主義（centrist liberalism）に対する攻撃であった。それは、わずかな表現の違いはあれ、世界中で繰り返し唱えられてきた、次の二通りの主張に見出される。（a）ヘゲモニック・パワーである米国の自由主義は、見せかけであるとはいえ、一つの魅力であり、この魅力は、イデオロギー的には対立物と想定されるソ連によって煽動されたものである。（b）（共産党、社会民主党、民族解放運動といった）伝統的な反システム運動、あるいは旧左翼が「革命的」勢力であったとの主張は、経験によって裏切られている。このことは、彼らの支配したレジームの実情が物語っており、そのレジームは、控えめにいっても、改良主義的なものでしかなかったのである。

命題27 一九六八年の混乱が生み出した純然たる帰結とは、自由主義を世界システムの支配的イデオロギーとしての絶対的な地位から引き摺り下ろし、それによって、強力な（反自由主義的な）保守主義と急進主義／社会主義がれっきとした教義として再主張される道を切り開いたことにある。ときに新自由主義《ネオリベラリズム》と呼ばれるものは、実際には、強力な保守主義にほかならないが、それが世界システムにおける右翼政治勢力の行動原理（working doctrine）として気の抜けたケインズ主義に取って代わったのである。このことが世界の左翼に及ぼす反作用は、きわめて不透明である。「新左翼」運動は、旧左翼の国家中心の教義に対する批判を提示し、社会問題に対する関心の幅を広げはしたものの、世界左翼や国民的な左翼に対してまだ代替戦略を提出してはいないのである。

命題28　世界システムのジオ・カルチャーとして具現化した時期の自由主義の強みは、それが安定化と沈静化の教義であり、既存のシステムの基礎となる政治的支柱を構成するものとみなせるという点にあった。だが、それがいったん支配的地位から引き摺り下ろされ、特に、それが不可避としていた進歩に対する期待がもはや広範囲なものでなくなると、危険階級が不満を行動で表現することに対する制約もまた大体において失われつつある。移行期である今日、今後出現するであろう争点に対して大きく訴えかけるものが、果たして三つの伝統的なイデオロギーのいずれかに存在するのかどうかという点が疑問に晒されているのである。

八　国家の正統性の危機なのか？

命題12で論じた蓄積の可能性に対する制約は、第七節で論じた世界システムのジオ・カルチャーとして自由主義が果たしてきた役割の衰退と組み合わさって、多様な国家構造を支えてきた正統性の基礎を掘り崩すという結果をもたらしている。

命題29　過去五〇〇年間にわたって作動してきた近代世界システムの主要な特徴の一つは、それが（警察権力、課税権力、行政官僚機構の観点からみて）個々の国家構造を着実に強化するものであるという点にある。この曲線は、おそらく一九六〇年代に頂点に達し、それ以来、はじめて下降し続けている。二十一世紀の前半には、おそらく実質上全ての国家で、国家権力は衰退し、社会的に極めて不安な状況が生み出されることになるだろう。

命題30　国家機構の対内的な強さが衰退しているという事態を基礎的なレベルで説明するものとして、住民が国家に対する正統性を取り消しているという点を挙げることができる。この正統性撤回の基本要因となっているのが、国家レベルでもグローバルなレベルでも、長期的に分極化が改善されるかどうかが定かでないことに対する幻滅である。だが、高まる分極化という客観的な現実は、この幻滅の主要な原因の一部でしかない。つまり、それは、主として反システム運動の戦略的な失敗であり、多くの政治的エネルギーを注ぎ信任を与えたにもかかわらず、この運動が、そのような相対的に限られた成果しかもたらさなかったからなのである。

命題31　国家の力の衰退は、多国籍企業（transnational corporation）の力の高まりによるものではない。TNCは、そのレトリックにもかかわらず、国家に敵対的ではないし、これまでも国家と敵対したことは一度もない。TNCは、国家に依存しつつ、巨額の利潤を可能にする（一時的なものではあれ）真の擬似的独占を確保し、政治的には、（抑圧か和解のいずれかの方法で）危険階級の高揚を抑制しようとしているのである。国家の力の衰退過程は自己増殖するものであるが、グローバル資本の目からみれば、それは破滅的なものなのである。

命題32　グローバルな利潤圧縮（**命題**12）と国家構造の正統性の退潮が組み合わさり、積み重なって、史的システムとしての資本主義世界‐経済に敵対的なシステミックな危機を引き起こしている。それゆえに、二〇〇〇―二〇五〇年という時期は、「混沌」の時代となるであろう。そして、この時期には、後継システムの性格をめぐる激しい政治闘争が繰り広げられることになる。だが、その闘争のもたらす結果が、確定しているわけではない。それは、現在の特権階層が押並べて権力を維持する新しい不平等な（だが資本主義的でない）システムの確立に結実するかもしれないし、より民主的でより平等なシステムの確立へと実を結ぶかもしれない。その結果は、本質的に不確実なのである。

「三二の命題」へのあとがき

三二のテーゼは、一九九九年にルクセンブルグで開催された会議のために書かれたものである。その後、ジョージ・W・ブッシュが米国大統領となり、二〇〇一年九月一一日、米国は攻撃を受け、アフガニスタン、イラクと続く米国の侵攻は成功裏に終わった。こうした一連の出来事は、果たして、二十一世紀前半の世界システムの基本ベクトルを説明するために書かれた三二の命題の分析に変更を迫るものとなっているのだろうか。私はそうは思わない。

ブッシュ政権は、特に、私がパートⅢでジオ・ポリティカルな再調整と呼ぶものに影響を与えるべく最大の努力を傾注している。今や、米国では、タカ派がブッシュ政権の論調を決定しており、それゆえまず彼らの分析から議論を出発する必要がある。一九九九年時点で私が提示した諸傾向のいくつかに対する評価には、彼らも本質的な部分で同意するものと思われる。だが、私と違うのは、そうした諸傾向が可逆的なものであると彼らが考えている点にある。

タカ派は、およそ三〇年間にわたって、三極を構成する他の二極や第三世界諸国に対して、米国の権力が実際に衰退している、と考えている。彼らは、この衰退の原因を、ニクソンからクリントンにいたる米国の歴代政権（公言はしていないものの、そこには、ジョージ・H・W・ブッシュだけでなくロナルド・レーガンも含まれている）の弱腰姿勢に求めているのだ。彼らの描く計画の概要は、二〇〇〇年九月に刊行された『新たな米国の世紀に向けたプロジェクト（*the Project for the New American Century*）』で十二分に描かれていた。それに参与した顔ぶれをみれば、現ブッシュ政権の指導的人物や支援者の多くが名を連ねている。この報告書には、「米国の防衛の再建（Rebuilding America's Defenses）」という題がついており、序論の第一ページで、その分析が明らかにされている。

「米国は、卓越した軍事力とグローバルな技術的指導力そして世界最大の経済を併せもった世界で唯一の超大国である……しかしながら、現状に満足せず、できればそれを変更したいと考える強力な国家群が潜在的に存在している……今までのところ、米国の軍事力とそのグローバルなプレゼンスによって、そうした諸国が、そのような挙に出ることは抑止されてきた。だが、米国の軍事力が、相対的にも絶対的にも衰えると、米国の軍事力が与えてきた幸せな諸条件の基礎も掘り崩されることは避けようがない。米国が現在の望ましい戦略的地位を保持するためには、今日、そして将来にわたって、グローバルなレベルで卓越した軍事的能力が必要なのである」。

一九四五年以降、米国は、次の四つの絶大な優位性を兼ね備えてきた。つまり、他の先進諸国に対する驚嘆すべき経済的競争力、同盟関係の巨大なグローバル・ネットワーク（NATO、日米安保条約、ANZUS、OAS）の疑問の余地のないリーダーシップ、比肩するものなき軍事力（および唯一の他の重要な軍事大国であるソ連とのあいだで交わした、相互抑止を通じて現状維持を確保するという事実上の取決め）、そして、世界のほとんどの地域で、その権力と指導力の正統性を保証していた文化的‐イデオロギー的地位の四つである。

だが、一九七〇年以来、米国主導の世界秩序は、次の三つの重要な点で、その基盤が掘り崩されつつあった。第一に、経済的には、西ヨーロッパと日本が、経済復興を成し遂げ、続いて生産の効率性を高めたことで、これら二つの圏域が米国の援助に依存した地域から変貌を遂げ、米国を本拠とする生産と本質的にかなり競合する生産活動の場となった。これら諸国は、まず自国市場を再び支配し、次に、第三国や米国市場という世界舞台で競争できるまでになったのである。

第二に、ヤルタで確定した領土的な現状維持の遵守を拒み、自己の考える国家的利益を追及しようとする諸国が南には数多く存在していた。この時期、北が南に対して喫した主要な敗北には次の四つがある。まず、中国共産党は、スターリンの要求に譲歩したものの、それを尊重することを拒否した。毛沢東は上海に進軍して人民共和国を創設し、それがソ連と米国の双方を愚弄する主要な圏域の最初の明白な事例となったのである。次に、一つのモデルを実行に移したのがアルジェリアである。それは、フランスがあらゆるコストを払ってでも固守することを望んだ唯一の植民地で反植民地革命を成功させた。また、キューバにおけるカストロ革命は、米国に隣接する圏域であるカリブ海地域で、長らく米国の権力の重要な牙城であった国に、キューバ人による国民主義的レジームを権力の座に着かせた。そして、とりわけ重要なのが、民族解放戦争を実行したベトナムである。この戦争は、まずフランスの、次に米国の事実上の軍事的敗北で幕を閉じたのである。

米国主導の世界秩序の基礎を掘り崩した第三の経路は、ソ連の内部崩壊の始まり、つまりフルシチョフによって指導され、一九五六年の第二〇回党大会で転機を迎えた脱スターリン主義であった。一九九一年に起こったことは、フルシチョフ秘密報告が火を点けた爆弾の最終的な結果にすぎなかった。この内部崩壊は、米国の目的にとって、レトリックとしては役に立ったが、その現実に資するものではなかった。米国の世界秩序は、真の意味で単独で成り立つ《ユニラテラル》ものではなかった。その世界秩序は、ソビエト陣営内部に属するものに規則を遵守させ、米国陣営に属するものの政治的な連帯を維持するという二つの目的をもつ、ソビエト・レジームとの持続的な共謀関係に依存していたのである。

一九六八年の世界革命は、ヤルタのイデオロギー的支柱に対して特に決定的な意味をもった。一九六八年と関連する（現実には、一九六六年から一九七〇年まで持続した）様々な叛乱と対立のなかで、世界中で表明された支配的なテーマの一つは、（ベトナム戦争を主たる事例として）米国のヘゲモニーは極悪非道であり、ソ連は米国との共謀関係にある（すなわちヤルタ）というものであった。このことを最も明示的に定式化したのが、二超大国対その他のあらゆる人、という当時の中国による図式である（後者のグループには、中国人や全ての南側諸国だけでなく、意味深長にも西ヨーロッパや日本が含まれていた）。

一九六八年の世界革命は、政治における不死鳥のごとく、空高く炎を舞い上げそして消え去った。だが、それは、世界システムの構造における文化的‐イデオロギー的な転換点であり、（ともに一九四五年以来機能してきた）ソビエト体制のみならず米国のヘゲモニーをも一撃の下に決定的に弱体化させ、（一八四八年以来存在した）中道的な自由主義（centrist liberalism）のジオ・カルチャーとしての支配的地位を後退させたのである。さらに、一九六八年の世界革命は、世界–経済におけるコンドラチェフ長期波動のB局面の開始とも符合する。その始点は、かつてのリーディング産業の過剰生産と、ベトナム戦争の出血〔財政〕が引き起こした（あるいは少なくとも悪化させた）米国の金融不安が結合したことに求められる。

こうした切迫したショックの時期（おおよそ一九六七―一九七三年）を経て以降、米国は、世界システムを再び安定化させようとし続けている。だが、まだ、それは実現していない。むしろ前述の四つの礎石は、すべて危険にさらされていた。生産の効率性という観点からみれば、米国、西ヨーロッパ、そして日本は、今や基本的に対等な関係になった（いわゆる三極）。その結果、政治的には、西ヨーロッパと日本が、米国の単なる衛星としての役割を担うという状況から脱しようとした。文化的には、一世紀以上にわたって世界の大部分を統治してきたイデオロギー的なコンセンサスが激しく揺さぶられ、中道的な妥協に対して、これまで以上に敵対的な左右両派のイデオロギー的立場が現れた。そして軍事的にみれば、核兵器や生物化学兵器の拡散が徐々に進行したのである。

続く数十年間、米国は、多様な方法で、世界における自己の中心性を回復させようとした。米国は、その銀行機関の強靭さ、財政の規模、そして準備通貨としてのドルの持続的な役割を背景に、依然として金融領域では経済的競争力を保持していた。しかも、コンドラチェフ波動のB局面は、通常、資本主義が生産領域における利潤追求から金融投機による利潤追求へと転換する契機となる。それゆえに、米国政府は、（それ以前の時期に力をもっていた）「開発主義（developmentalism）」に対する支持をシフトさせ、「グローバル化（globalization）」を新たなテーマとしたのである。

ここで開発主義とは、正しい政策を追求しさえすれば、世界中の諸国には「発展（develop）」することが可能であるとする信念及びその政策を意味する。開発主義に対する米国の支援は、一九四九年のトルーマンによるポイント・フォア政策*にまで遡る。開発主義は、（用語法は異なるものの）ソ連においても同様に支持を取り付けたテーマであった。とりわけ、世界中の他の地域で、開発主義は熱狂的に支持されていた。学者たちは、それを裏付けるための全体的な理論、すなわち近代化論を展開した。国際連合もまた、一九七〇年代に開発の一〇年を宣言している。

* **ポイント・フォア政策**　一九四九年一月二〇日、トルーマン大統領がその就任演説の第四項目（point four）で次のような提案を行なったことが、その後の米国による経済開発計画に対する援助政策の起点となった。「第四に、われわれは、科学と産業の進歩がもたらしたわれわれの成果を、低開発諸国の改善と経済成長に利用可能なものとするために、新しく大胆なプログラムに着手しなければならない……旧来の帝国主義つまり外国の利潤のための搾取がわれわれの計画に入る余地はない。われわれが構想するのは、民主的で公正な関係という概念に基づいた開発プログラムなのである」（Truman, Harry S., *Inaugural Address*, Truman Presidential Museum & Library, January 20, 1949）。

開発主義には、政府はなんらかの積極的な行動をとるべきであるという指示が含まれている。だが、三〇年にも及ぶ努力は、それに見合う成果をほとんど生み出さず、北と南の格差は着実に広がり続けていった。これに対して、今や米国が打ち立てるに至ったのが、いわゆるワシントン・コンセンサスである。それは、開発主義とは反対のメッセージを送るものであった。つまり、なんらかの積極的な行動に従事するよう政府を促すのではなく、むしろ経済におけるその役割を削減し、国境を財及びとりわけ資本の自由移動に開放することが政府には求められるようになったのである。この政策は、主要に国際通貨基金（ＩＭＦ）によって実行され、一九九〇年代、世界貿易機関（ＷＴＯ）の設立によって頂点に達した。ＩＭＦは、金融的に抜き差しならない状態に陥った南の諸国に対して貸付を行う代価として「構造調整」を要求し、ＷＴＯは自由貿易を奉じている。

他方で、政治的にみれば、米国は、主に三極委員会（Trilateral Commission）やＧ－７をつうじて意思決定の「パートナーシップ」を提供することで、自己の強力な同盟者である西ヨーロッパと日本が抱く、世界的な問題で独立の役割を演じたいという願望を制限しようとした。米国は、（レーガン政権が愛しんだテーマである）ソ連の小悪魔（hobgoblin）を改めて強調することによって、こうした構造を補強しようとした。また、米国は、自己を排除した東・東南アジアの経済構造建設の努力を暗に妨害しただけでなく、ヨーロッパ連合創設の努力をも密かに阻止しようとした。こうした試みによって、米国は、一九七〇年代から八〇年代の少なくともある時点まで、自己の政治的支配の衰退速度を低下させるのに成功を収めたのである。

文化的な側面からみれば、一九六八年の世界革命の持つネガティブな効果を相殺するために、米国が切った主要なカードが、開発主義からグローバル化へのシフトである。開発主義政策が成功を伴うものではなかったことは、南側諸国やソビエト・ブロック内に不満の種を蒔いていた。さらに、コンドラチェフ波動のB局面によって、これら諸国は深刻な影響を受け、それによって、一九六〇年代の〔開発主義に対する〕熱狂や楽観論の一部は鎮静化した。そのため、これら諸国は心理的に弱体化し、サッチャー女史によって宣言された新しいテーマソング、TINA（There is no alternative; 選択肢はない）に抗うことができなかったのである。多くの人々にとって、ソ連の崩壊は、この呪文を追認させるものであるように思われた。世界左翼の足並みの乱れは、それに対応する世界右翼の新たな活力を生み出し、世界右翼にとって、伝統的な中道的自由主義はますます必要なものではなくなったのである。その意味で、一九八〇年代のブラント報告は、中道的な自由主義の最後のあえぎ声であったと言ってよい。ワシントン・コンセンサスのイデオロギー攻勢は、今や毎年開催されるダボス会議の枠組みのなかで推進されるようになっている。この会議には、世界中の政治的指導者と大資本家、そしてメディアの大立者が招集され、今日、思想の一元化*（*la pensée* unique）と呼ばれるようになった状況を生み出そうとしているのである。

＊　直訳すれば、「単一思想」。ダボス会議やメディアをつうじて単一の自由化思想が普及あるいは強要されるというグローバル化のイデオロギー的側面を批判する際、フランス人が多用する表現。

一九九〇年代の出来事で特筆すべきは、一九八九―九一年のショック、つまり中東欧のソビエト・ブロックとソ連自体の共産主義の崩壊である。共産主義の崩壊は、米国主導の世界秩序でソ連が果たした小悪魔としての役割と、その共謀者としての参与が失われることを意味し、それによって、ニクソン／キッシンジャーが打ち立てた表面的宥和戦略＊（iron fist within a velvet glove strategy）の成功は白紙に戻された。だが、この戦略は、二〇〇一年まで歴代米国大統領全員に継承された。そこに、二つの出来事が起こった。その結果三極委員会／G‐7の見せかけのパートナーシップがもたらした米国にとっての有益な効果は、ゆっくりと色褪せていったのである。ヨーロッパは、独立の主体であると自認しはじめ、ヨーロッパ連合、とりわけユーロを創出した。また、ヤルタに規定されてきた行動に対する監視はもはや消え去り、南はその状況を利用し始めた。

＊　直訳すれば、「ベルベットの手袋で包まれた鉄の拳」となるが、velvet glove は「外面的な優しさ」の比喩であり、「穏やかな表面に隠された厳しさ」＝「衣の中から鎧が見える」となる。また後出の the policy of the velvet glove も表面的宥和政策の訳語を当てた。

それを最も目覚しい形で示したのが、クウェートを併合した際のサダム・フセインであった。この侵攻が重要な意味を持つのは、それが南の国による米国の権力に対する初めての意図的な挑戦、防衛的でなく攻撃的な行動であったからである。米国は、サダムに対応し彼を押し返したが、それは出発点に戻したにすぎない。同様に、北朝鮮も核開発計画をあからさまに推進しはじめ、米国は、これにも対応し一九九四年に中断させている。

前述の『新たな米国の世紀に向けたプロジェクト』の著者たちは、ジョージ・W・ブッシュの大統領就任によって、米国内で権力を握った。しかしながら、彼らの政権内部の地位は、九・一一という決定的な事件が起こるまでは支配的なものでなかった。九・一一は、米国のタカ派に機会を提供し、彼らはそれを躊躇うことなく掴みとったのである。すでに指摘したように、彼らの分析は、本当に単純である。彼らは、一九六七—七三年の転換点以来追求された表面的宥和政策（the policy of velvet glove）は完全に失敗であったと主張した。彼らによれば、西ヨーロッパはその政治的自律性を取り戻しつつあり、東アジアもまもなくそれに続くであろうし、南における核の拡散は本質的に抑えられないものであった。要するに、米国のタカ派は、米国の権力は急転直下の衰退の渦中にあると論じているのである。だが、その一方で、彼らは、このことは全く必然ではなく、本質的には、（ロナルド・レーガンを含めて）ニクソンからクリントンにいたる全ての米国政権がとった弱腰政策の過ちによるものであると考えている。それゆえ、彼らが望むものは、衰退は可逆的であり、しかも劇的に逆転させることができるという信念に基づいた行動なのである。

この逆転のための打開策は、全地球レベルで強く猛々しく（macho）一方的な（unilateral）進軍に米国は着手すべきだ、という主張に見出される。まずヨーロッパを、次に世界の他の地域を政治的に服従させるべきであるとする自然発生的な主張に、米国が自己の資源を使い尽くす政治的意思を示すならば、それは恫喝としての十分な効果を発揮し、反対者や想定される反対者は、怯えて米国の要求に協力するようになるだろう、と彼らは考えたのである。二〇〇三年四月、ブッシュ大統領は、シリア政府に対して、どのような忠告を与える必要があるか、という質問を受けた。彼の解答は、米国との協力であった。米国のタカ派は、こうした権力の証明が世界には必要なのだと感じていた。アフガニスタンは、あまりにも取るに足らない反対者であり、しかもアフガニスタン侵攻は世界中から比較的幅広い支持を勝ちとっていた。次に米国のタカ派が望むものは、彼らには支持など必要ないということを示すことであった。

それを示すのに相応しいと彼らの考える標的は、〔アフガニスタンよりも〕もっと重要な国でなければならなかった。だが、それは、軍事的にそれほど強力でない標的でもなければならない。この要求に完全に適合したのがイラクであった。周知のように、二〇〇一年九月一一日の時点で、米国のタカ派は、すでにイラクに対して敵対行動を取るように促している。イラクは、一九九一年に米国を公然と無視し、それを本質的に罰せられることなくやってのけたが、そのことを米国のタカ派は屈辱的であったと感じていた。イラクは、中東という決定的に重要な圏域における決定的に重要な国であり、主要な産油国であると同時にイランの西に隣接する国でもあった。そして、サダム・フセインの評判は世界的に悪かった。米国のタカ派が当初から追求したのは、戦争のための戦争であり、武力による体制変更であり、できればそれを単独でやり遂げることであった。これが、彼らの得たものであり、戦後、その悪名の知れ渡るほどに、彼らが称賛したことなのである。

問題は、この体制変更が彼らの望んだ結果、つまり怯えたヨーロッパ、怯えた南、そして世界システムにおける米国の比類なき政治的権威の確立をもたらすかどうかである。この「あとがき」の執筆中にも次の四つの出来事をわれわれは目の当たりにしている。第一に、米国は、イラクに最低限の秩序を再建するのにすら巨大な困難に直面している。目下のところ、米軍は無期限でそこに駐留するように思われ、そのことは、米国に深刻な財政コストを課すだけでなく、絶え間なく死傷者の血が流され続ける可能性もあるのだ。このことが、米国世論に政治的に受け入れ可能なものかどうかは全く明らかではない。

最新の調査によれば、イラク侵攻によって、世界の世論は、いたるところで米国に対する賛意ではなく反意を示している。特に、当面は、米国にとって唯一の軍事的同盟者であったイギリスで問題が深刻であるように思われる。イギリス政府は、イラクの大量破壊兵器に対する議会の「誤導(misleading)」と名づけられたものを正当化しなければならない圧力にますますさらされている。たしかに、そのような大量破壊兵器が、最終的に相当な数で発見されれば、この問題は解消されるかもしれない。だが、そうでなければ、この米国の唯一重要な軍事的付属物は、米国に対する支持を撤回する必要に迫られる可能性がある。

ヨーロッパは、イラク行動によって生み出された混乱の真っ只中で、ヨーロッパを基本的にどのように構成するのかという問題〔中東欧のEU加盟問題〕に取り組んでおり、困難な時期を経験しつつある。そして米国は、〔ヨーロッパ内の〕分裂の炎を掻き立てるためには可能なことはすべて行っている。だが、出現しつつあるパリ‐ベルリン‐モスクワ枢軸は、米国の勝利の後も存続しており、ヨーロッパの中核が、その目的、つまり本格的なヨーロッパ軍の編成や世界的舞台での政治的自律性を精力的に追及し続けていることを示す初期的な兆候もある。さらに、南のいかなる諸国でも、公的には核兵器の保有は否定されているが、――いずれにせよ米国は信用しないとはいえ――それを獲得する努力を遅延させているという兆しはみられない。

米現政府の一方的で猛々しい軍国主義は、その支持者が主張するよりも、そして世界のメディアが考えているよりも、はるかに脆弱な基盤の上に築かれている。(ブッシュ現政権になるまで、急進的だとみなされたこともなければ、自由民主主義者とすらみなされなかった）ロバート・バード（Robert Byrd）上院議員は、二〇〇三年五月二一日、イラクで大量破壊兵器が発見されなかったことについて米国上院で発言し、次の結論でその演説を結んでいる。
「いいかいよくお聞きなさい。われわれが最近非常によく目にする『当局』による計算された恫喝ができることと言えば、誠実な反対意見を少し長い時間黙らせ続けることだけだ。というのも、それが常にそうであるように、真実というものはいずれ表に出てくるものなのだ。そして、このことが現実のものとなるとき、ペテンによって築かれた砂上の楼閣は崩れ去るだろう」。

二〇〇三年六月

本文中の〔　〕による挿入、および段落末＊印の注釈は訳者による。

The World We Are Entering, 2000-2050（32 Propositions）.
（First published in *The World We Are Entering, 2000-2050*, Immanuel Wallerstein and Armand Clesse ed., Dutch University Press, 2002.）
Afterword to 32 Propositions.
（Original to Takashi Inoguchi, ed., *The World We Are Entering, 2000-2050*, Tokyo : Fujiwara-shoten publishing company, 2003.）

The World We Are Entering, 2000-2050 は何を議論したか？

猪口　孝

いったいにこれだけの数の大家があつまって大言壮語の競争をするとしたら、大変な討論になるだろうと心配する人もあるだろう。そこはよくしたもので、文明的な作法をもって、これほど豊富な議論を丸二日展開した会議は珍しい。だいたい大家には強い持論があり、しかも雄弁、多弁であるために、話しはじめたら止まらない。第二次世界大戦後の欧州統合の起源となる歴史的な会合が開催された小さな家の二階というか、天井が高い屋根裏部屋に三〇名近く、ご飯で中断されるだけの二日間を話しつづけたのである。

二十世紀とは何であったのか

「二十世紀は米国の世紀か」というそれ自体、激しく論争的な問い掛けとは必ずしも思えない主題をめぐっての討論のはじめから、まったく別の事柄をお互いに念頭に置いて語っていることが直ぐに明らかになる。ウォーラーステインは米国の覇権なりという。すると、リチャード・クーパー（経済学）はそれはどうかという。むしろ二十世紀は一様ではないが、人類のくらしが着実に向上した世紀ではないかという。ごもっともである。ウィリアム・マクニール（歴史学）は伝染病による死亡がときたま大規模に訪れた欧州の歴史を知っているだけに、二十世紀は衛生や医学の向上で人口が爆発的に増加した世紀であると言う。ごもっともである。シュムエル・アイゼンシュタット（社会学）はどうだろうか。二十世紀は人間の社会関係が近代化した世紀であるという。文明化、効率化、豊富化と多様化と言いなおしていいかもしれない。ウォーラーステインはごもっともといい、それらを総合するのが米国であり、それを時に米国の覇権とよぶことにするという。ウォーラーステインはヘンリー・ルースの有名な「二十世紀は米国の世紀なり」を繰り返しただけなのだが、はじめからこんな感じであった。両雄並び立たずが幾重にもあった。

二十世紀は米国の世紀かという問いに、大国の世紀なりとして、南や東の役割を過小評価しているのではないかという反発はとりわけ南と東から提出された。東には、一九一七年から一九九一年まで二十世紀の大半を使って世界をいわば震撼させた共産主義の衝撃を語ること無くして二十世紀なしとの、熱い、しかし少し哀しい思いがあるのだろう。実際このような感じをもって二十世紀をみているロシア人がいることは袴田茂樹（ロシア研究）のつとにいっていることだ。南は南で、二十世紀の基調は欧州五〇〇年の覇権を非欧州が抑えていった世紀なりとする。実際、非欧州は米国と手を携えて欧州覇権を切り崩していったのである。日本も非欧州の積極的な一員として欧州覇権を切り崩そうとしたのである。米国は英国を助ける過程で、英国の覇権と欧州の覇権を内から崩壊させてしまう。米国は「古い欧州」にはじめから反対なのである。ラムズフェルドがはじめてなのではない。米国は反帝国主義なのである。そうだからこそ、米国が覇権者だとか、帝国主義だとかいわれると米国はひどく戸惑うのである。ウッドロウ・ウィルソンの米国は欧州帝国主義に反対なのである。だからこそ、ヴラディミール・レーニンとの間で反帝国主義と反植民地主義で米国が第一次世界大戦後歩調を合わせることが短期間であれできたのである。米国は第二次世界大戦後欧州の植民地主義清算に向けて強い圧力をかけたのである。しかし、米国と第三世界との共鳴は短期間で終わった。米国がむしろ世界指導者の地位と力を身につけたからである。

このような国家単位の見方と離れていく方向はクーパーやマクニールやアイゼンシュタットによって表明された。これをもう少し被抑圧者の立場に立って表現するならば、人間の独立、自由、尊厳といったものがより強く主張されるようになった世紀が二十世紀ということになるだろう。しかもその実現には被抑圧者の執拗で英雄的な努力が必要とされた。民族自決からみると、国連加盟国は一九四五年の三〇余りから二〇〇三年の一九〇に増加した。非白人の権利からみると、たとえば米国の黒人は一九六〇年代後半になってはじめて市民権を得た。女性の権利からみると、たとえばスイスの女性は一九七一年にはじめて参政権を得た。このような観点から米国をみると、米国社会ではそのような闘いが執拗に英雄的に継続されたことは忘れられない。その意味でも米国の世紀であるというのが私の考えである。

資本主義世界－経済の帰結としての地球化と両極化

資本主義が技術進歩によって地球化していくことには誰も反対しない。しかも地球化がいまになって始まったなどとは誰も言わない。地球化＝グローバリゼーションは資本主義の発展がある限り、不可避的な現象であり、大騒ぎをするようなことではないというのがウォーラーステインの考えである。同時に、両極化がさらに深化することが資本主義経済に大きな矛盾を生み出すという考えである。これもどちらかというと、反対するものがない点である。いうまでもなく、地球化に伴う超国家的な現象や社会勢力についてウォーラーステインはいくらか過小評価しているのではないかという意見もかなり出た。私自身も「**国家主権**」を軸とする古い考え方、「**人民主権**」を軸とする新しい考え方、そして「**主権喪失**」を軸とするいわばやぶれかぶれの考え方の三個の考え方がいまや世界を三分化していることを主張した。国家主権を軸とする考え方はウェストファリア的（十七世紀のウェストファリア条約からのイメージ)、人民主権を軸とする考え方はフィラデルフィア的(十八世紀米国憲法制定会議からのイメージ)、主権喪失を軸とする考え方は反ユートピア的と私は呼ぶのだが、前二者についてはグローバリゼーションのとらえ方との関連で参加者からも明らかな区別がなされた。超国家的な社会運動の力、地球化の浸透の度合い、地球化が局地化を伴い、いわゆるグローカル的な現象を引き起こすこと、グローバリゼーションは必ず多くの種類のグローバリゼーションになるのであって、地球を全体的に一様に画一なものに転化することを意味しないこと、など議論が続いた。

グローバリゼーションの文化的な多様性についてはピーター・バーガーとサミュエル・ハンティントンの主張するところでもある。その本の中でハンガリー人著者の寄稿した一章によると、グローバリゼーションは一〇〇〇年前のハンガリー建国以来ずっと続いているが、意外とその挑戦を気楽に受け止められたと言う。ハンガリー人は過去七世紀ほどの間外国の影響を強く受け、いろいろな規則や法律や制度を受け入れざるをえなかったという。長い間、トルコ、ロシア、そしてオーストリアの影響を受けたが、〝ごみは道に捨ててはならない〟とは七世紀にわたって言われなかったので、そのようなやり方に合わせることを迫られた時には苦労したという。ドイツがくると、突如として〝ごみは道に捨ててはいけない〟といってきたのでしばし考えさせられたが、むつかしくはなかったという。どうしてかというと、ごみ捨てについてのドイツ法のハンガリー的受容は簡単であったから。どうしてかというと、ドイツ法を大体そのままハンガリー語に翻訳した後、ハンガリー人のやったことは、ごみの定義をまったく変えてしまうことだった。ハンガリー人が道に捨てるようなものはすべてごみでないと法律で定めたのである。こんなことが世界のそこらじゅうで起こっていると思うとグローバリゼーションの衝撃を誇張するのは間違いであることがわかると思う。同時に、グローバリゼーションはこのように変容しながらも、世界所々に浸透していくことは否定できない。ウォーラーステインはこの部分ではやや甘く、議論を精緻化するために多くの議論がなされた。

ウォーラーステインの資本主義的世界‐経済の展望は危機待望のような感じがありながら、今のところは地球が引っ繰り返るような危機は現出しないようだという感じで今ひとつパンチに欠けるところがある。さらに私は非常に重要だと考える第三の反ユートピアの考え方が地球化が国内・国外にかかわらず、両極化の深化を極端に進めることになるという認識は参加者のなかでは強く出なかった。しかし、最後のような考え方による行動が二〇〇一年の九月一一日の出来事が起こることを予示したのは私のみであった。その理由はウォーラーステインはじめほとんどが伝統的な反体制的な運動が二十世紀後半にかなり体制内化されたことを過大評価しすぎたためだと思う。まったく正統的でない反体制的な運動は第三の考えから生まれる。つまり、やぶれかぶれ的な、新たな体制的ヴィジョンはどちらかというと不鮮明なままでありながらも新しい発想と新しい戦略によるこのテロリズムの発生は、この最後の考え方がグローバリゼーションの極端の深化を通してとりわけ近世帝国の全面的な崩壊をみていない地域においてもたらすものが何であるかを示しているのである。

地政学的《ジオ・ポリティカル》再編——大西洋共同体の分裂

地政学的再編についてはブレが大きかったと思う。参加者それぞれの考え方もかなり違っていたし、ウォーラーステイン自身二〇〇三年イラク戦争後の「あとがき」で認めているように、別な動きが現出した。したがって、討論の違いについて要約するよりは、現在進展している地政学的再編についての分析を試みたい。その大きなものがイラク戦争をめぐる大西洋共同体の分裂である。この亀裂を誇張する必要はないことはウォーラーステインも認める。しかし、いわゆる西側陣営とよばれるものがソ連の崩壊によって安定的に持続するかについての疑問は冷戦直後には提出されたが、イラク戦争で疑問が現実のものとしてあり得ることが証明されたといえよう。

ロバート・ケイガンが欧州と米国の根本的な違いをやや誇張しながらもイラク戦争以前に明らかにしたことを想起しよう。欧州は世界一の所得水準と社会福祉を実現し、冷戦後は安全保障への強烈な脅威も消滅し、域内では契約に参加する市民の共同体を実現した。それはそれでよいのだが、世界各地でまったく異なる問題を抱えていることへの関心を失ったのはどうだろうか。世界各地に悪化する問題が明らかに大なる不正義である時、何もしないことがゆるされるだろうか。たしかに、グローバル・シビリアン・パワーということで、ドイツ（や日本）は主要国家間戦争がひどく減少した今日、平和維持活動と経済復興と人間の安全保障に精力を傾けることは歓迎する。モラル・パワーということで、スカンジナビア諸国が和平交渉における仲介、民主主義実現にむけた援助などを官民ともに全力を掛けた努力をしていることに敬意を表する。しかし、もし大きな不正義が持続的で強力な軍事力でしか取り除くことができないならば、それを行なう勇気がなければならないのではないか。少なくともそれに反対するのはいかがなものか。このような欧州（欧州大陸の中核を占めるフランス、ドイツ、スウェーデンなど）に対して、米国は不正義が蔓延することは許さない、しかもすべての力を結集して正義を実現する、それに賛同するものは「有志連合」とよばれ、その他とは一線を画する、といった路線である。

私の言葉でいえば、第三の主権喪失を軸とする考え方に対して、それを壊滅させるためには、第二の「人民主権」を軸にした考え方、つまり自由と民主主義に賛同する「有志連合」（それは国家だけでなく、非政府組織でも個人でもよい）が、史上最強軍事力を保持する米国の指揮下で（これは第一の国家主権を軸にした考えである）、実現を図ることになる。欧州連合は域内では国家を超えた市民共同体のような体裁を整備している（第二の「人民主権」を軸とした考え）が、域外については主権国家が第一に来る、第一の国家主権を軸とした考え方に執着しているとケイガンは言うだろう。そして今問題になっていることに対しては、不正義を国家主権の外套の下に隠蔽することを許容するような「古い欧州」は許せないということになるのだろう。どこまで大西洋共同体に亀裂が入ったのかはこれからの進展を見ずにはしっかりとしたことはいえないだろう。「新しい欧州」は「有志連合」の中に大体入っているが、どこまでこの連合がしっかりしているのかはまだ未知数ではないだろうか。ジャック・

シラク大統領は「新しい欧州」が大体米国支持に回ったことを知るや、「育ちが悪いから」と言ったが、これに対してハンガリーの首相は「あまりにも育ちがよすぎて、シラク大統領のような乱暴な言葉は相手にしないようにしつけられているのですよ」と言ったそうである。

二十一世紀――不確定性の増大

地理的文化的《ジオ・ポリティカル》危機とは世界で支配的な文化がその正統性をどこまで保てるか、とりわけ国家の正統性がどこまでささえられるのか、である。ウォーラーステインの議論の中核にあるのは、一八四八年から一九六八年までの「リベラル・プロジェクト」によって二十世紀は出来上がったということである。それが現在どのような変容を遂げているのか、どのような新しい持続するプロジェクトを形成しようとしているのか、それが議論されるのである。「リベラル・プロジェクト」の中身はダニエル・ベルが一番適切に要約していると思う。自分自身について、経済では社会主義者、政治では自由主義者、文化では保守主義者と言う。困窮した人を助ける仕組みがなくてどうなるのか、という。政治は対立と相違をどうするかという問題なのだから、相手に対して寛容でなくてどうなるのか、という。文化は人類の、民族の、そしてさまざまな集団や個人の遺産なのだから、保守しなくてどうなるのか、と言う。十九世紀から二十世紀に人類が実現に向かったことはたしかに「リベラル・プロジェクト」であった。経済的にはその生活水準の向上は二十世紀の達成物の第一のものである。政治的には世界の過半数が民主主義国になった。自由も飛躍的に拡大した。文化的には識字率の上昇はとりわけ第三世界で著しい。重要なことは「リベラル・プロジェクト」は主として主権国家を軸に展開されたことである。それは二十世紀のプロジェクトである限り、不可避であった。しかし、国家の正統性に疑問が提出されつつある。それは「人民主権」の考え方からの国家基盤の切り崩しがひとつ、もうひとつは「主権喪失」を軸とした考え方からの国家基盤の切り崩しがある。非国家主体が積極的になった。また、テロリズムは世界を震撼させた。これは私の三個の潮流の考え方からみても重要な問題である。

討論自体は出席者の数からみても、その知的強さからみても欧州や米国を中心とした世界に対する関心が非常に強いのは当然であった。同時にそれ以外の世界がこれからどのような文化的主張をし、それがどのように統合していくのかという点について議論はあまり向かわず、むしろ欧米以外の考え方には聞くべきことが多いというような議論が多かった。ウォーラーステインは歴史的文化的闊達さを売り物にしているが、ここでは欧米中心的なところが少し突出しすぎたような感じがする。私自身はこれからしばらくの世界文化的統合の形はつぎのようなものになるのではないかと発言した。それはダニエル・ベルを修繕したような形になるのだが、経済では自由主義者（市場重視主義者）、政治では保守主義者、文化では原理主義者というものである。米国のブッシュ政権の路線の要約のようで、多少気がひけないこともないが、二十一世紀の第一・四半世紀はこのような路線ではないかと思う。経済では経済計画や保護主義のようなものは着実に後退する。政治では社会民主主義は後退するのではないだろうか。それはもともとその根がない米国についてだけでなく、たとえば欧州や日本などでもその趨勢が静かに強まっているのではないか。文化では原理主義が大繁盛している米国やイスラム教圏だけでなく、南でも東でも西でも北でも一定の強い支持者がいることは確認しなければならない。経済が自由主義、市場重視主義にいけばいくほど、グローバリゼーションは加速され、社会変動が速くて、しかも不確定性がますます強くなるときに、政治が保守主義、文化は原理主義になるのは人間の気持ちの動きとしてよく理解できるのではないだろうか。二十一世紀を二十世紀から区別するものとして、不確定性の増大があげられるのではないだろう。二十世紀の特徴はその大戦争と大虐殺と大災害と大変なことがそれまで累積した諸矛盾の破綻として起きたことである。ロシアの革命家、レフ・トロツキーは「秋の鴨猟の成果は予測しにくいが、革命は予測しやすい」と言った。戦争は動員や移動に非常に時間がかかり、大抵は予測できた。虐殺も体制の性格からみて何か大変なことが起きているだろうことは、予測できたはずである。災害も山の樹木を刈りとって焼き畑にすれば、洪水が起こることは予測できたはずである。二十一世紀は不確定性が多分増大する。第一の理由は市場が地球化し、社会変動が大規模で、しかも急激になりがちなことがある。第二の理由は主権国家の衝撃緩衝装置がいくらか弱まったことがあげられる。第三の理由は非政府組織や個人の主体的行動能力が拡大したことである。それは自由の拡大だけでなく、非伝統的で、容易に扱えるが、世界に甚大な被害を引き起こすことのできる活動が可能になったことである。

五〇〇年前に欧州に始まったプロメテウスのような力、資本主義はどのような適応力を示し、二十一世紀を引っ張っていくのだろうか。それはどのような性格をもった世界をもたらすのか。議論はつきない。

シンポジウム

二十一世紀の世界史的位置づけ

晩期近代世界システムにおけるアメリカ資本主義と東アジアの選択

猪口　孝
山田鋭夫
加藤　博
朱　建栄
川勝平太

コーディネーター・猪口孝

■ウォーラーステインの「三二の命題」(猪口孝)

二十世紀の世界史的位置づけと二十世紀のバランスシート/ジオ・ポリティカルな(地政学的)再調整なのか/ジオ・カルチャー(地理的文化)の危機なのか/日本の選択/東アジアのジオ・ポリティカルな再編/安全保障――日米安保・中台関係

■資本主義世界-経済の位置づけ(山田鋭夫)

ウォーラーステインの「資本主義世界-経済」論/「資本主義五百年」と「資本主義二百年」/「資本主義」をどう理解するか/「世界経済」をどう理解するか/「パクス・アメリカーナ」は衰退しているか

■アメリカ資本主義経済の未来(猪口孝)

基本的変数としての人口の高齢化/金融システムの弱さ/所得格差の拡大と脱規制の欲求/グローバリゼーションの深化、セーフティーネットの弱さ/環境破壊と原料稀少化/社会的凝集力の低下と政府信頼の低下/情報産業と超大企業化/公共支出の重要性の増大/地下経済・非営利部門・協力部門の増大/一九四〇年、一九七〇年、二〇〇〇年の循環/パクス・アメリカーナの将来は/第一・四半世紀――欧州の上昇/ユーロ・スケレローシス(欧州硬化症)

■九・一一とイスラム世界(加藤博)

リベラル・プロジェクトへの対抗勢力としての中東/現代中東の画期、湾岸戦争/中東の安全保障は「世界新秩序」の将来にとっての試金石/「西欧主義、民族主義、イスラム主義」の関係を正しくとらえる/九・一一と中東の閉塞状況/中東における政治的選択肢としてのイスラム

■アジアの勃興(朱建栄)

「アジア的」視点による近代世界システムの相対化/東洋における「一つ」の経済圏形成の可能性/農耕社会東洋と牧畜社会西洋/東アジアにおける地域対立/国家権力の衰退という時代の流れに中国は適応するか

■日本の来歴と進路(川勝平太)

中枢国家主導型システムとしての近代世界システム/近代世界システムを一つの「波」とみる/西洋の「産業革命」における資本家と日本の「勤勉革命」における経営者/イギリスの「原始的蓄積」と江戸の「本来的蓄積」/海を通じた再編成/分権化による日本の連邦国家構想/人間的魅力・美・徳にもとづく日米関係を

コメント

徳は孤ならず/平和とは火中に飛び込みつくっていくもの/日本はアジアと欧米の架け橋になれるか/日本と中東/アメリカ文明の栄枯盛衰のサイクル/「脱米入亜親欧」の日本へ/二〇五〇年、中国は世界経済の一五%シェア国に/東洋スタイルの民主化もあるのではないか

編集部　『われわれが踏み込みつつある世界——二〇〇〇—二〇五〇年（The World We Are Entering, 2000-2050）』という本が、昨二〇〇二年末にダッチ・ユニヴァーシティー・プレス（Dutch University Press）から出版されました。この本は、ウォーラーステインとアルマン・クレスの編集になるもので、これからこの二十一世紀はどうあるべきなのか、そして世界史における二十一世紀の「意味」はどのようなものであるだろうか、ということを論じているのですが、同書には猪口先生も参加しておられます。過日猪口先生から、日本の論者がこの本の提起している問いをどのように引き受けるのかを示す本をつくることができないだろうかという問題提起をいただきまして、本日の座談会を企画させていただきました。

川勝先生をはじめ、大きなパースペクティブをお持ちの方々にお集まりいただきましたので、細かな論点をつめていくよりも「大きな」話が頂戴できることを期待しております。

座談会を始めるにあたりまして、ちょっと申し添えさせていただきたいと思います。

ほぼ百年前のことですが、日露戦争の後、後藤新平と伊藤博文が厳島で会談した記録、「厳島夜話」というものがあります。後藤は、日露戦争の後の日本はどうあるべきかということをめぐって、元勲伊藤に、日本はロシア・中国そしてヨーロッパ合衆国と手を結び新大陸アメリカと対峙すべしという「新旧大陸対峙論」を提起します。後藤は伊藤に、「そのロシア、ヨーロッパとの交渉にぜひあなたが行ってほしい」と進言する。その後引き受けた伊藤は、ロシア行きの途上、ハルビンで暗殺されるわけです。現在日本が立ち至っている状況の中で、日本自身がいかに世界を認識し、そして世界の中でいかに行動していくかということが問われています。ご紹介させて戴いた、約百年前のこの一つの歴史的事実に示されているような思想こそがいま求められているように思われてなりません。

今日の座談会では、「日本はいまどういう選択をすべきなのか」というところまでゆければと思います。では猪口先生に司会進行をお願いいたします。

猪口　ありがとうございます。

今日は皆様遠方、あるいは一番近いところから、ありがとうございました。いま最初のお話にもありましたように、とにかく世界を論ずるのはわれらの職業的使命であって、どんなに細かいこと、どんなに昔のこと、あるいは瑣末なことをやっていようと、ときどき世界を論ずるというのはわれわれの骨の髄にあるべきなのであります。

二十世紀の後半の偉大な社会科学者の一人、ダニエル・ベルは自伝的映画をつくっているんですが、題が「アーギュイング・ザ・ワールド（Argueing The World）」というんです。あの人は小さいころからまったくの独学なんですね。働いている母親が家にいない昼間中、ニューヨークの市立図書館で独学したのです。そのころから既にベルはいつも「アーギュイング・ザ・ワールド」でありました。ですからどれぐらいなんでしょうか。一九三〇年代のアメリカのニューヨークというと持論を持つ強烈な人ばかり。私はトロツキスト、私はスターリニスト、私はアナーキストとか、そういうのが集中している中で育っていくわけですから。ニューヨークのハドソン川が、まだあのころ泳げた時代です。

ただそういう身につけた習慣は延々と続くわけで、私たちもそのようなスピリットに基づいて、イマニュエル・ウォーラーステインの考え方を少し参照しながらもそれぞれ独自の持論があるわけですから、それを展開させながら議論をしていけたらなと思っております。

ウォーラーステインの「三二の命題」（猪口孝）

●二十世紀の世界史的位置づけと二十世紀のバランスシート

猪口　それでまず、このウォーラーステインの三二の命題について一、二、三、四……と括りうるんですが、それについて私が勝手に、またどうやって議論するかということについて五つぐらい、問題提起的に簡単に話したいと思います。

まず二十世紀の世界史的位置づけですけれども、これは結局ヨーロッパというものがあると。それで近代化を始めた。それを五百年にするか、あるいはもっと短く二百年にするかは別として、ヨーロッパが高原状態で足踏みしているところをねらい、それに代わったのがアメリカであると。そういう感じの立て方で見るのか。あるいは欧州、古いヨーロッパに対して、新しい勢力としてアメリカとその他大勢が全部束になって、そのうちにアメリカはその他大勢を全部味方につけるみたいにしながら、その新覇権勢力になっていくという見方もあるわけです。また、そういう資本主義なんていわないでもっと五千年規模の、アンドレ・グンダー・フランク〔一九七〇年代に従属論を協力に展開した米国学者〕みたいな感じに、技術とか人口とか、発明とか発見とか、そういう新しいものをつくり出す能力とか統治していくだけの能力、システムをちゃんとデザインしてそれを維持していくという能力とかを問題にする見方。そういうものにすると、また、五千年といわれてもちょっと難しいし、五百年といわれてもいまの関心事と必ずしもそぐわないので、この二百年ぐらいに考えてみたらどうかと思うんです。

そして現在の段階がどこら辺なのかということについては、次の問題にも一番結びつくんですけれども、結局、イマニュエル・ウォーラーステインの、要するに西欧中心の資本主義経済というものを考えていながら、もうそろそろ二十一世紀は、かなり地球市場、地球的な規模の資本主義経済という感じになってきていると。そのときにそれがそもそも機能し得るのか、あるいは自己破壊的な面が強くなっているのかというのが、次のグローバリゼーションの問題です。これはもう場所というか、国によっては、とてもではないけれどもどうしようもなくなっていて破産的、破綻的という面もあるし……。当のアメリカでもグローバリゼーションをうまくこなせないといいますか、消化できなくて破綻がきているというようなこともあると。そういうことがこの二番目の問題、グローバリゼーションには絡んでくるわけで、アメリカの覇権的な地位が、自己破壊的な役割を果たすグローバリゼーションということにつながるかもしれないということで、またとり上げられます。

●ジオ・ポリティカル（地政学的）な再調整なのか

それから再編ということで三番目のジオ・ポリティカル（地政学的）な再編ですが、これは、いま起こっていることについていえば非常に多様な論者がいます。きのうはヨーロッパが覇権的、指導的な地位にあった。次に覇権をとったのがアメリカであって、それが指導的な地位になった。アメリカの指導的な地位というものは二十世紀全体についていえるけれども、とりわけアメリカの国際主義的な強い介入があったのは真珠湾からにしようということで、一九四一年だと。そういうようなことでいくんですが、この国際主義的なというか、介入主義的な、活発な覇権的なフェイズは終わったとい

猪口孝 Takashi Inoguchi

うのが二〇〇一年だと。あるいはもっと早くすれば、ウォーラーステインであったら一九七〇年代からもうピークは過ぎたと。それから藤原書店から最近刊行された『帝国以後』の著者、エマニュエル・トッド〔家族形態や人口動態から社会の活力を測る独創的なフランスの世界学者〕の意見によれば、もう自己崩壊になっているからこういうことになっているというわけです。それがどこでピーク・アウトしたかということについては、たぶんそんなに違わないと思います。

その次にいっていることがみんな違っていて、現在のアメリカ、ブッシュ政権の論客みたいなロバート・ケイガン〔いわゆるネオ・コンとよばれる自由、人権、民主主義、市場経済、自由貿易の諸価値を奉じ、その実現のために、邪悪な政権を壊滅させるための軍事力を行使してもそれを敢行すべきという一種の理想主義的過激勢力のイデオローグ〕みたいな人によればそれほど悲観的ではなくて、アメリカ一色で行くという感じの議論です。ヨーロッパが絶対にこの次の四半世紀では確実に上がってきて、アメリカの衰退が明らかになるといっているのがチャールズ・カプチャン〔歴代帝国の緻密な分析から米帝国の行末を考える米国学者〕という人です。カプチャンという人は次の二五年だけ考えているんです。ジョージタウン大学の人ですが。それからトッドはもっと大きな、ヨーロッパだけではなくて欧亜大陸連合みたいなことを考えている。反米勢力といいますか、対抗勢力としてはそれを考えています。

それから何とかロス・H・マンローとか、リチャード・バーンスタインのような、一時期反中的なものがある。中国脅威論です。それからもっとソフトな感じでは、アメリカが覇権的・指導的地位を失いつつも、ヨーロッパについてはとにかく英仏独なんかを何となくまとめていく。東アジア、東南アジアについては、中国と日本がそれほどけんかしないように何とかまとめていくというような感じで、アメリカと……というか、その傘下に入るという形で――表面的、名目的にではあるけれども――ほとんどローマ帝国が東西二つになったみたいに分かれて、地域的な影響力を持ちながら進んでいくという議論も最近では出ています。

だけどそこで、それがそもそも可能であるか。例えばトッドの欧亜大陸連合なんてものはなかなか難しい。ヨーロッパについても今回のイラク戦争で明らかになったように、とにかく大陸のヨーロッパと、島国のというか端っこの――端っこというのは要するにイギリスとかスペインとかイタリアとか、それから東ヨーロッパの小さな国ですね――それでは全然話が違うし。それから東アジアについて見れば、日本と中国が比較的近い将来に安定的な、ある程度同じような信念とか感情を持って何かできるかというと、ちょっとよくわからないところがあって。アメリカに対抗するかもしれない勢力についての仕組みについては、非常にハッキリしないんです。

でも基本的には一九四一年から二〇〇一年までで、もうアメリカはピーク・アウトした、……崩れるというわけでは必ずしもなくて、少なくとも孤立主義は全面的に展開するであろうという議論も比較的早くからあります。その孤立主義の一つの展開が二〇〇一年以降の、非常に強烈なアメリカ的報復みたいな感じの発言です。これにどのように対処したらいいかというのは、ものすごく意見が違っているわけです。

●ジオ・カルチャー（地理的文化）の危機なのか

それで四番目のジオ・カルチャーの危機ですけれども、これもウォーラーステインの議論では一八四八年というのはすごく重要な役割を持っている。とりわけアメリカに移ってからリベラル・コアリション（自由主義連合）といいますか、リベラル・プロジェクトというのはかなりの程度まで成功して、非常に過激というか急進的なものをも世界システムの中に包摂して、この百年以上きたという議論があるわけです。これの意図するところが、主権国家とか国民国家とかという、あるいは国民経済という形の枠組み自体が難しくなっているときに、どういうふうにしたらいいのかという問題がある。これについては、なかなか面倒だと思うんです。先ほど世界を議論するということに関連して言及したダニエル・ベルによると、彼は経済では一生ソーシャリストなのだそうですし、政治ではリベラル、ただ文化については、もうコンサバティブなのだそうです。文化というのは、しっかりと大事にするものだと。それから政治というのは他人に対してある程度寛容な精神がないといけない。考えとか利益がなかなか合わない場合を何とかしようというのだから、リベラルが一番いいと。ただ経済に関していえば、強い人は勝手にやれるのだから、弱い人を助けないでどうするのかと。それは彼の人生、伝記なんかを見ますと、僕は非常に納得いくし、何となく共感するんですが。

ただこういうリベラル・プロジェクト、つまり、十九―二十世紀の、ヨーロッパからアメリカへとだいたいがリベラルな方に行って、下層の人もどんどんいろいろなことに参加する、そしてその願望なんかもある程度実現されるといったときに、それを結局国民国家とか国民経済とか、国民文化という一つのまとまりとして、ある程度積極的にいろいろなことを——民族的な違いはあれ——やるという感じできたのです。地球的な資本主義経済というものは、本当にかなり昔からあるわけですが、今ではもうちょっと濃密になったし、機能がとてつもなく速くなったんですね。機能不全というものがものすごく明快になってきているいま、こういうリベラル・プロジェクトというのはそもそも可能なのかとか、何でも自らのプロジェクトに包摂しうるという意味で、濃密なのかという議論がまた大きくあるんですね。ジオ・ポリティカルな再編という問題とほとんど一緒なんですけれども、これはものすごく面倒くさいと思います。やはり国家単位の枠組みとか何かというのは捨てられるものでもないけれども、それだけに頼ってもどうにもならないというのはアメリカ自身がものすごく証明しているわけです。アメリカ自身はそんなに気がついていないかもしれないけれども、そういうところがある。

ダニエル・ベルをちょっともじっていえば、何となく目立つのは、文化ではファンダメンタリスト、政治ではコンサバティブですか。それから経済ではレッセ・フェール。そんな感じですね。地球的な規模でうまく何とかして運営していくという、つまりガイディング（主導）・イデオロギーとかプリンシプルとか、何かそういうものがちょっとややわやわになっているのではないかなと。それで文化においてもファンダメンタリストが——全部ではないんですけれども、ぱっと上がるところがあるものですから——、いまイスラム教でもアメリカの宗教でも、ものすごい感じのものがうわっとある。リベラルといっても、リベラル・プロジェクトがこういうふうになったいま、それがなかなかうまく機能しないとなったときには、「現状維持プラス」という形での、後退というわけではないけれどもちょっと受身的な感じになっているわけですね。

実際問題として、一九八九―九一年に冷戦が終わったときにアメリカ政府が考えたことは、要するに「現状維持プラス」。ちょっと手をつけるだけで何とかやりましょうということで、あまりアレンジメントを動かさなかった。政治について「リベラル」というような大きなビジョンを出して、大きな仕組みをつくろうということはなかったわけですから。そういったことはやはり、アメリカという国の中でも「コンサバティブ」という方向にだんだんと落ちついていくことを示しているのではないかと思うんです。

経済についていえば二十世紀の大半は、意味はどう違え、政策的あるいは制度的なものは違え、ソーシャリストというか、要するにやはり抑圧される人はもうちょっとそうでないように、困っている人に対しては、国家経由の何らかの仕組み、あるいは別な形の仕組みが働きかけるようにというような感じになっていたと思うんです。けれどもそれが、ある程度切り捨て的な感じのものも要求する勢力も強くなっていると。そういうことでこのダニエル・ベルのいう三位一体の――それなりに筋が通って非常に釣り合いのとれたといいますか――そういった考え方、リベラル・プロジェクトは崩れてきつつあるわけですね。この現状においてジオ・カルチャーの情況というものは確かにものすごいことになっていると思います。

結局十九―二十世紀については、勢力が非常に強いのは欧米です。いっぽう、これからもしかするとだんだん力をつけていくのは非欧米ですから、そういうリベラル・プロジェクトには違和感を感じるというところもものすごくあるわけで、それがどんな形をとってゆくかというのは、非常にわかりにくいと思うんです。それが四番目です。

●日本の選択

五番目で日本の選択ですけれども、これは三番目のジオ・ポリティカル（地政学的）な再編ということとつながりますし、ジオ・カルチャー（地理的文化）の危機ということにもつながります。ジオ・ポリティカルな再編というのは、こういうことです。要するに二十一世紀はたぶんウォーラーステイン的にいえば、やはりヨーロッパというものは少し大規模な再編に向かうと。それでアメリカはたぶん、アジア太平洋の小さなところ——というのは日本とか中国ですね、中国なんかもくっつけて……。中国は小さいんです、いま見れば。いまの感じではまだまだ本当に小さい。小さいですよ、GNPから見てもそうだし、いろいろな点で……。

朱 まだ三％ちょっとですから。

猪口 そう、本当に小さい。だからそういう小さいのと連合するという、そういう感じのものがしばらく続くだろう——そういうのがウォーラーステインの見方ですね。それからカプチャンとかトッドというのは——二人はちょっと違うけれども——やはりヨーロッパが出てくると。アメリカはもう終わった。あの仕組みは壮大だったけれども、つくり方がちょっと弱かった。とりわけ冷戦後のシステム・デザインをやらなかったから、ステイタス・プラス（現状維持）でいいことにしてしまったんですよね。ブッシュ・シニアも、クリントンも何もしなかった。ブッシュ・ジュニアに至っては考えもしないで、感情の赴くままといったら悪いけれども、ちょっとそういうような感じになってしまっているんですね。ここをどう見るかですが、やはりカプチャンとかトッドのシナリオではヨーロッパが上がってくるのではないかと。

トッドの議論については、結局アメリカは古代ギリシャ、ヨーロッパは古代ローマと、そういったものの遺産をより強く継承しているらしいというのはよくわかるんです。古代ギリシャというのは直接民主主義ですからね、皆でいきましょう、やりましょうという感じですね。古代ローマというのは古代ローマ法。欧州連合の軸となっているフランスとドイツというのは、やたらと法律的な人が多いでしょう。やたらと仕組みをつくる、制度をつくるというのがものすごく多い。いっぽうアメリカとかその祖先であるイギリスなんかはやはり慣習法的ですからね。全く融通無碍で。そのときそのときですからね、非常に違うと思うんです。

そういった形で、それがいいのかどうかわからないけれども、結局冷戦のあとに「現状維持プラス」でやったアメリカが、地球的な規模の資本主義的経済のものすごく爆発的な拡大とその進化にうまく対処しきれないとなったときに、ローマ法的な仕組みをじわじわとやるヨーロッパが上がってくるのではないかと。そういう人が出てくるのは、僕はわからないでもない。ただ、もちろんアメリカの現政権に近いロバート・ケイガンみたいな、もうアメリカ一色の考え方、「オールド・ヨーロッパ」（ラムズフェルド国防長官もこういいましたね）はもう大したことないという見方も強い。考えてみれば

国連の安全保障理事会で何か議論したといっても、本当にちゃんとしたのはフランス、ドイツ、あとはブリックスのスウェーデングらいで、ほかはあまりないんですよ。だから端っこのほうの海に近い人と、中近東に近い人、それからロシアに近いところはみんな「アメリカ」なの、ほとんど。イタリアのベルスコーニ首相によれば、ヨーロッパはロシアとイスラエルを内包しないとうまくいかないことになる。

だからそういうところでも、考えるとよくわからんのですが、ヨーロッパの次の二五年についてはいま大きく見方が分かれていると思います。アメリカの中でも、外でも。それからヨーロッパ自身も、「そんな実力が持てるのかな」、なんて思っているヨーロッパ人もいます。

●東アジアのジオ・ポリティカルな再編

東アジアについていえば、これはまたもっと不確定といいますか、漠然たりといいますか、ピクチャーがハッキリしない。どうしてかというと、中国がどこに行くかハッキリしない。ばかでかいみたいでいて大したことはまずないわけですし、いろいろな形での自己矛盾があるものですから、それをどう変えていくのか。その矛盾が解決してゆくことは確実なんでして、だから中華民族は長く生きているわけですが、それを二五年ぐらいの単位で考えるとなると、やはり地域的あるいは世界的に非常に不安定化するような先行きとの関係で、中国が自己変革を遂げうるかどうかということが、ちょっと焦点になるんですね。

例えば地域格差、所得格差がものすごく激しいときにどうやるのかというのがまずある。それから中国共産党が一気に「中国自民党」になって、名前が変わるだけでカザフスタンとかウズベキスタンみたいな感じで共産党が実権を保持しながら、衣装は現代風にかえていくか、分散的な社会的集団として支柱があまりない中で経済社会の自由化が、ムード的に政治的な民主化を進めるような中で、社界を不安定化させる弾みがつき、そのような中で、反動勢力が何かやはり北京を軍事的に掌握して、一気にクーデターみたいなものを起こす勢力が出てくるのかどうかわからない。それも含めて中国が変われば、非常に安定性を切り崩すようなことが起こるだろう。そういったときに中国共産党の政権のままで行っても、恐らくうまく自分の中で機能しないのだから、何か安定性を切り崩すようなことが起こるだろうと。これは近隣諸国にも必ず関係するから、難しい。

それからもう一つの問題は、日本と中国。日本は結構でかいけれども、何かぼーっとしているみたいでいて……。それから全く衰退して何もしていないかと思うと、それでもこんなに巨大なＧＮＰを再生産しているわけで……。国内的にも対外的にも、とにかく眠ったかのような感じで生きているわけです。これが一体どちらに行くのか、よくわからない。ましてや中国と日本がこれから二五年の間どれぐらいの形で、安定的で友好的で互恵的な関係を築けるかということは、東アジア、東南アジアの地域的なアレンジメントにすごく関わってくるわけです。それもわからないわけで、西ヨーロッパ以上に東アジア、東南アジアのジオ・ポリティカルな再編はわからない。

しかももっとわからないのは、このジオ・カルチャーの危機のリベラル・プロジェクトというのは、そもそも日本にちょっと定着しているけれども、中国に至ってはまだそれどころではないというか、そんなこともまだ考えてもいないということ。だからリベラル・プロジェクトをちゃんと深めるという課題もちょっとあると思うんですが、そのポスト・リベラル・プロジェクトとは一体どういうふうにしたらいいかというのも、ある程度地域的なコーディネーションがないと何かができないわけですから……それなんかもはるかかなたのことであって、わからないんです。

それでだいたいの見方、例えば恐らくトッドもそうですが、カプチャンとかいろいろな人によれば、とにかく二十一世紀の前半世紀は、恐らくアメリカの帝国が、「帝国後」かもしれないけれども惰性があるわけですから結構続くでしょう。ヨーロッパもある程度堅固に強めていくでしょう。そういう中で東アジアも上がっていくだろうけれども、東アジアの中でそもそも調整がどこまでいけるかというのはとにかくわからない。けれどもGNPとか人口の規模からいえばたぶん二〇五〇年にはものすごくなっているわけで、かなりのものになってくると思うんですよ。だからそれが視野に入らなければだめなんだけれども、いま本とか雑誌論文に出ている感じでは、それはフランクに任せてと、つまり「五千年の議論」に任せておこうということであまり触れないんですよ、たいていの論者は。二五年ぐらいで議論をしたい、間違っても五〇年だという感じ。

それから、東アジア、東南アジアでまとまるというのではなくて、川勝さんみたいに「海洋型対大陸型」という見方がある。現在のイラク戦争における米英連合みたいに、海に近いのはどういうわけだかだいたい親米勢力なんですね。スペインでもイタリアでも、イギリスでも、日本でも。韓国は何だか甘くて辛いんですけれども。何かそういうものがあるから、ちょっとわからないんですが、地球的な規模の、資本主義的市場の展開からいったら、あまり大陸的なところで、過疎なところでワーワーやろうといっても、あまり極度に貧乏なところでやろうといっても無理だから、繁栄的なマリタイム・マーケット・オリエンテッド・エコノミー（海洋志向市場志向の経済）と、そういう政治経済体制をプロジェクトとして育てるみたいなところをやるしかしないというのがあって、川勝さんなんかもそういう一つの論者。ただ川勝さんの場合はもっと日本の選択というものをぐっと煮詰めて理論化されているものですから。この点はまた後でやります。

●安全保障――日米安保・中台関係

日本の選択というのは、だからどういう感じか？　現在の感じでは、まず要するに安全保障的にアメリカと一緒にある程度いくかどうかというのが一つあって、それはわからない。それからもう一つは、自由貿易でやらないと小さな国なのでどうしようもないんですが、そうするとまたアメリカとダブったり、ヨーロッパとダブったり、あるいはアジア・太平洋のそういった国とダブったりするんです。一つの問題は、中国が二〇五〇年時点でどうなっているか。非常に活発な国になっているかもしれない。あまり何もいわないでニコニコしているかもしれない。それがどういう感じか？

二〇五〇年、アメリカは完全に孤立主義になっているのか。バグダッドで政権をつくっても、結局GHQをつくるわけですからうまく行かないところもいっぱい出てくると思うんですが、そういったときに、もうやめたと、「外国はもうどうしようもない、もうわけのわからないものばかりそろっている、やーめた」、といったときに世界がどうなるのか。そういう時が本当に五年、三年、すぐ先に来るような気もして。日本も例えばそういう感じになったとき、あんなわけのわからないことをいって半米親中の韓国政府とつきあうのはほどほどにしたいといったら、日本は前線国家になる可能性がある。これはまた大変です。国内のリベラル・プロジェクトはまずいことが多くて変えなければならない、激しく変えなければだめになるんですね。「アメリカとバイバイ」というのも、国内のプロジェクトを一気に変えないとだめになってしまう。

それから有事には米国と一緒にやるといっても、結構大変なんです。自分一人でやるよりは大変ではないけれども、一緒にやるというとまたいろいろな別なことを考えないとだめで。朝鮮半島は恐らく大陸側の方によりなびくものですから、そういったことを考えると面倒くさい。既に韓国の経済関係ですね。中国が非常に大きいというか、世論でも一番好きな国といったら中国ですからね。二番目が日本で、かなり離れてアメリカですからね。こういうものがこれから二五年どういうふうに展開するかというのは、非常に興味深い。

日本の選択にもうちょっと引き継げば、既に日本でも『毎日新聞』の二〇〇三年一月四日の世論調査結果によれば、「日米安保条約はどうしますか」という問題に対して「このまま頑張ってやりましょう」というのが三七%。それから「平和友好条約に切りかえましょう」と、つまりアメリカ軍基地をなくしましょうというのが三四%なんです。激しいんです。それで「もう安保は廃棄しましょう」というのが四―七%。それぐらいになっているんです。それは激しい動きで、これはどうなるのか？

もちろん台湾なんかを見れば、反中で固まっていた国民党が一気に最も親中的に変わっているわけで、それはもう「市場は大陸にしかない」という感じの経済環境をつくってしまったからそうなってしまうんですけれども。それは韓国の場合でもかなり似ていて、経済復興というか、アジア金融危機からのリカバリーを支えたのは中国の市場であるという認識がありますから。それからアメリカはやはり北朝鮮をやっつけたい。政権交代をねらった米国の軍事行動が何をもたらすか、何を引き起こすか、難しいことが多い。それから韓国の米軍基地とそれに付随する地位協定のもたらす大きな矛盾は女子学生を米軍車が引き殺したり、米国兵士が強姦したりするたびに燃えあがる。難しい。

そういったもので東アジアについては五〇年といわぬまでも、ついいまの段階でも結構な不確定要素がこの九・一一以降、アフガン戦争、イラク戦争を機としてちょっと見え始めています。なので、本当に二〇五〇年に、東アジアにおいて地域的なすばらしいことができるかというシナリオを描きたいところだけれども、国と国の関係、それからそれの中でどういう中身——どういう国でどういう社会をつくるかということ——についての中身が合わないもので、結構難しいなと。

この初めの問題提起で論点を天こ盛りにしすぎましたが、以上で一応提起と。

編集部　お知らせでは問題提起を一〇分で、主題ごとに二〇分と予定していましたが、二五分ぐらいでまとめてお話しいただければと思います。

資本主義世界‐経済の位置づけ（山田鋭夫）

●ウォーラーステインの「資本主義世界‐経済」論

山田　私からですか。承知しました。私の場合は「資本主義世界‐経済の位置づけ」というテーマが与えられたわけですけれども、私がやっていることからしても、このタイトルからしても、どちらかといえば抽象的なといいますか、あるいは方法的なものを含むような議論をしなさい、ということだろうと思います。最初に「資本主義世界‐経済」に関するウォーラーステインの命題を確認しておいた方がよいかと思います。皆さんには「釈迦に説法」かもしれませんし、猪口さんの今のお話の中にすでにいくらか出てきた論点もあるので、適宜省略しますけれども。

とにかく確認しておくと、ウォーラーステインによる「世界システム」というのは「複数の文化体系からなる単一の分業体系」のことです。そして、これには歴史上「世界帝国」と「世界経済」（ウォーラーステイン的には「世界‐経済」とすべきでしょうが、もう少し一般的にも使いますので、こうしておきます）の二つがある。十五世紀以前は世界帝国であって、そこでは複数の文化体系は政治によって単一の分業体系へと統合されていた。つまり、統合の原理は政治であり、かつ貢納が重きをなした。それに対して十五―六世紀以降ですか、これは世界経済という形をとるようになる。世界経済という形の世界システム。世界システムが世界経済という形をとる。そこでは政治でなく経済が、貢納でなく交換の原理が支配する。統合の原理は非政治的なもの、経済的なものに移ってゆく。そういう形になる、と。

その「世界経済」を動かすものはすぐれて「資本主義」です。つまり「資本主義世界‐経済」ですね。要するに「近代世界システム」というのは「資本主義世界‐経済」として現れてきた。そしてそれは近代のヨーロッパで始まった。それがシステムであるからには固有の「構造」と、それから「変動」と、それから「危機」を持っている。こういう枠組みで、ウォーラーステインは歴史を理解する。

その場合の「構造」というのは、有名な「中心」「半周辺」「周辺」という三層構造のことであり、周辺・半周辺から中心へと剰余の吸い上げ構造が出来上がる。そういう形で世界的な資本蓄積の構造が形成される。他方、「変動」というのは、主にコンドラチェフの波〔コンドラチェフによって発見されたほぼ五〇年周期の好不況の波〕に従って、覇権国家が成立・動揺・交替していくなり、蓄積構造や世界的分業構造が少しずつ変わっていくなり、そういうことを意味します。そしてウォーラーステイン史学の特徴というか、重要な要素として、最後に「危機」というものを見る。つまり、システムである限り必

山田鋭夫 Toshio Yamada

ず危機が訪れる。資本主義的な拡張は続くけれども、その拡張自身がシステムの限界をもたらし、システム自身の終わりをもたらすんだ、と。いってみれば、成功ゆえに反対者を生み出していく、と。これがウォーラーステインの世界史認識ですね。

そして現代の位置づけになりますが、この資本主義世界-経済、つまりわれわれがいま住んでいるこの世界は、過去五百年にわたるシステムであって、今回のウォーラーステインの「三二の命題」によれば——というか前からウォーラーステインは同じことをいっていますけれども（例えばウォーラーステイン『ポスト・アメリカ』藤原書店、一九九一年）——この二十一世紀前半の二〇〇〇—二〇五〇年はいわば次のシステムへの長い過渡期である、と。こう近未来を位置づけるわけですね。非常におもしろい理論で教えられるところも多いのですが、あえて私の観点から少し、ウォーラーステインを相対化する形で、議論の材料を出させてもらいます。

●「資本主義五百年」と「資本主義二百年」

まずは「資本主義五百年」と「資本主義二百年」という形で議論の材料を出してみます。ウォーラーステインは、資本主義世界‐経済を十六世紀からの五百年という幅でとらえて、いまはその終わりの時期なんだという。これは非常に魅力的な一つの世界観だと思いますが、私にとってはスケールが大きすぎる話で、ただちに賛成すべきか、反対すべきか、ちょっと分からないのです。こういうスケールの大きな話は、むしろ川勝さんにお任せした方がいい（笑）。その方がはるかに面白い。私としては、必ずしも「五百年」で資本主義を見る観点を否定するつもりはありませんけれども、もう一つの見方として「資本主義二百年」といいますか、もうちょっといえばイギリス産業革命（十八世紀末から十九世紀初）あたりからと考えていいと思いますが、そういう資本主義像があってもいい。そういう見方がもう一つあってもいいだろうと思っています。五百年も二百年も、どちらも資本主義を一つの「歴史的個体」と見たうえでの議論であり、これについてはすぐあとで検討しますが、さしあたり歴史的個体の観点に立ったうえでも、別の見方もできるだろうということです。

どういうことかというと、資本主義五百年というとコロンブス以来というか、やはり商業資本主義、交易、交通、それから覇権国家の争いと、こういうところに力点をおいた見方です。それに対して資本主義二百年という場合には、ワット以来というか、産業革命の生産力、エネルギー消費、さらには国民国家の形成といいますか、そこに主要な視点がある。もちろんイギリスの産業革命自身が世界的連関の中で初めて出てきたのだという点は押さえておくべきですが。資本の運動形式論を使えば、G―W―G'（貨幣―商品―貨幣＋α）という商業資本主義のところで資本主義を見るか、それとも資本の運動G―W―G'が生産（P）をつかんだ、Pを取りこんでG―W…P…W'―G'となった、そこで資本主義を捉えるか。二百年という視点は、商業資本主義から産業資本主義へ、世界の包摂からさらに自然の包摂へ、そこに至って初めて資本主義は資本主義として自立したという見方です。その象徴的な事件が産業革命です。

という意味で、資本主義が生産をつかんで以来二百年というところに資本主義認識の重点をおく、そういう見方も大いにあり得るだろう。資本主義が膨大なエネルギー消費を開始し、巨大な生産力を発揮し、巨大な環境破壊力を持ってしまった。その延長上に今日があるということを考えるとき、「資本主義二百年」という見方も忘れられるべきでないのではないでしょうか。ですから二百年か五百年かは、たんに時間幅の問題でなく、「産業」資本主義か「商業」資本主義かという、資本主義をどこから見るかの視角の問題なんですが……。

そういう生産という観点、あるいはエネルギー、資源という観点から見るならば、やはり今日、資本主義的なものの何らかの限界が見えているわけです。それが最も端的に現われているのは環境問題といいますか、いわば成長の限界の問題。そして、その成長限界の問題や環境問題が、実はウォーラーステインがいうような覇権争いとか南北問題という形をとりながら進んでいるのではないだろうか。二酸化炭素排出規制をめぐる京都議定書の離脱問題とか、イラクの石油資源問題とかを見ていると、南北対立や米欧対立の背後に資本主義的成長の限界という大波がヒタヒタと押しよせているようにも見えます。「資本主義」とは何かについてはすぐあとで議論したいと思いますが、それとの関連でいっておけば、いま「資本主義的成長の限界」といっているときの「資本主義」とは、すぐれて「産業資本主義」のことなんですが、とにかくそういう形で、もう少し根底にある環境問題といいますか、そういう問題を見る眼がわれわれにはあっていいのではないか。そこから資本主義を問題にするという眼があっていいのではないか。ウォーラーステインに全くその問題がないとはいいませんけれども、どうも少しそこのところが弱いのではないかという印象を受けております。

環境問題とは、経済学者・馬場宏二さんの卓抜な表現を借りて別な言葉でいえば、現代は「過剰富裕社会」だということです（馬場宏二『新資本主義論』名古屋大学出版会、一九九七年）。つまり、いまの先進国の生活水準といいますか、エネルギー消費水準でも何でもいいんですが、これを全世界の人口に一気に広げたならば、地球という星はもはや物理的にもたない。そういうようなところに生産力や消費水準が来てしまっている。いまの「西」あるいは「北」の所得水準を基準にして人類平等化をはかることはできない。先進国は「富裕」どころか「過剰富裕」としかいいようがない。この問題をどうするんだ、と。いってみればそこに究極の意味での資本主義的成長の限界があるわけなので、その問題を見据えなければいけない。

参考までに、馬場さんのいう過剰富裕社会というのは、もっと具体的イメージでいえば、例えば自動車が過半数の世帯に普及するとか、カロリーの摂取量がもはや上昇しないとか、エンゲル係数が三〇％以下になるとか、それが指標になります。そもそも一番はっきり見えるのは、ジョギングとダイエットが流行することです。クルマと飽食の現代生活では、ほっておいたら運動不足とカロリー過多になる。ですから、人間はジョギングでも何でもしなければ健康が保てなくなってしまった。加えて、事は単に健康や生命の問題だけではなくて、同時に「脱社会化」といいますか、社会関係が希薄化して社会的コミュニケーションの能力が失われている。子供がうまく「大人」になれない。人間がうまく「社会的人間」になれない。それに、インターネットは人と人とのコミュニケーション能力を高めているんでしょうかねぇ。そういう問題も含めて、これはもう「過剰富裕」なのか「過剰貧困」なのか分からなくなってしまっていますが、そういう形で「資本主義二百年」のツケがまわっている。二十一世紀ということを考える場合に、こういう資本主義二百年という枠だけでよいとは思いませんが、ウォーラーステインとはちがって、こういう眼も一つあり得るのではないだろうか、ということです。

●「資本主義」をどう理解するか

そういうことを考えていくと三番目の問題なんですが、「資本主義」とか「世界経済」ということについて、少し方法論的に反省しておきたいわけです。ウォーラーステインはどうも二〇五〇年ごろには「資本主義世界－経済」（近代世界システム）が終わると、そう予想しているようです。いや、正確にいえば彼は三二番目の「命題」で、将来は「本質的に不確実だ」（そのとおりですが）としながらも、「資本主義世界－経済」の危機のはてに、二〇五〇年には平等的か不平等的かはともかく「資本主義的でない」システムの成立を予想している。そう読みとれるような発言をしています。ですが私自身は、本当に資本主義が終わるのか終わらないのか、正直いってわからない。産業資本主義の限界はある程度見えてきましたが、別の形の価値増殖運動（例えば「情報」を基盤としたような）も本当に行詰まるのでしょうかね。むしろあえて反対していうならば、二〇五〇年も資本主義だ、と。ただし問題は、どういう資本主義かです（どういう価値増殖基盤か、どういう社会的調整か）。議論の材料を提供する意味でも、あえてそういわせていただきたい。

その場合「資本主義」をどういうものとして理解するか、これが問題です。その前に「資本」とは何かですが、これは「自己増殖する価値」（マルクス）ということであって、つまりはG—W—G'（資本の一般的定式）の運動ですね。これが「資本」であって、それが支配する状態が「資本主義」であるわけです。そういう形でいえば、資本主義は太古の昔からあった。社会全体でなく、社会の一部においてでしかなかったかもしれませんが、大昔から資本主義はあった。商業資本や高利貸資本として昔からあった。それが近代社会においては、とりわけ十九世紀以降は、それこそ生産（P）を包摂したといいますか、経済社会の全面を覆うという形になった。

全面を覆ったということをもって、近代社会という歴史的個体を「資本主義」とするのも一理があり、事実、マルクスもウォーラーステインも資本主義を一個の歴史的個体と考えている。歴史個体的な資本主義概念がありうることは十分認めたうえで、しかし「資本主義」とは、より根源的に、歴史貫通的な概念として理解した方がよいのでないか。そう思っています。これは「物質文明・経済・資本主義」の三層で捉えるブローデルの立場にも通じます。「物質文明・経済」とは区別されたものとしての「資本主義」です。また最近では佐伯啓思さんのお仕事からも、そういった観点を教えられました（『貨幣・欲望・資本主義』新書館、二〇〇〇年）。

歴史貫通的概念としての資本主義ということについて、少々補足しておきます。私が資本主義なり資本ということでイメージしているのは、例えば貨幣、貨殖、金融、世界、普遍性、変化……といった言葉でイメージされる活動です。これは人類の歴史でずっと続いてきた一つの活動です。時代や地域によって強弱の違いはあるでしょうが、ともかく人類史とともに古い一つの営みでしょう。それに対して、それに対抗する概念は何かといったら、これも言葉を並べてみれば、社会、制度、大地、労働、生産、生業、地域……といったことで表せるような活動や営みです。一言で「社会」の語で代表させましょうか。これも歴史貫通的です。このあたり、あるいは誤解を招く表現かもしれませんが、「資本主義」は貨幣から貨幣へ（G…G'）という世界だとしたら、「社会」は生産から生産へ（P…P）という世界だともいえましょう。そして、近代世界とは、労働・生産・社会までもが資本原理に包摂された時代であり、資本原理が格別に強力かつ普遍的になった、そういう時代なのだと考えたい。

こう見てくると、「資本主義」を捉える場合、ミシェル・アグリエッタの次のような把握がきわめて示唆的だと思います。アグリエッタというのは、フランス・レギュラシオン派の経済学を創設した元祖みたいな人です。そのアグリエッタは資本主義についてこういっています。「資本主義とはそれ自身の中にそれを調整する原理をもたない変化させる力である。資本主義の調整原理は資本蓄積を進歩の方向に誘導する社会的諸媒介の一貫性のうちにある。」（『資本主義のレギュラシオン理論』大村書店、二〇〇〇年、増補新版へのあとがき）ちょっと難解ですが、こういうことです。つまり、資本主義とは限りない変革の力であるがそれ自身のうちに自らを調整する原理を持たない、これを調整（レギュラシオン）し、資本の運動を「進歩」へと方向づけていく原理は社会の内にしかない、と。資本主義とは変化や発展を促す力であり、そのかぎりでは素晴らしい力なのだが、残念ながらそれだけでは暴走し、その結果、社会が不安定化する。その資本主義を調整し安定化する原理は、資本主義や市場自体のなかでなく、社会の側にしかない……。こう見るわけです。

これは、資本主義や市場のうちに自己調整力を見る正統派経済学とは対立する。だから、正統派経済学が市場の自己拡大過程として歴史を捉えるとしたら、レギュラシオン理論であれその他であれ、資本主義の自己調整力を信じない観点からは、歴史はそうは見えない。むしろ「資本の原理」と「社会の原理」との対抗といいますか、あるいはそれこそ「資本」主義（いわゆる「資本主義」でなくて）と「社会」主義（いわゆる「社会主義」でなくて）、この二つの対抗といいますか、対抗のなかのバランスといいますか、そういうものとして見えてくる。

そういうふうに見てくると、この二百年ぐらいの幅で歴史を考えてみた場合、例えば十九世紀というのはポラニー的にいえば「自己調整的市場」の時代ですね。市場の原理が社会を覆い尽くしたような、あるいは資本の原理が大地を覆い尽くしたような時代でしょう。それを彼は「悪魔のひき臼」というわけですね（ポラニー『大転換』東洋経済新報社、一九七五年）。二十世紀前半というのはちょっとややこしい時代ですけれども、二十世紀の後半、第二次大戦後の少なくとも先進国においては、「フォーディズム」といっていますけれども、何らかの制度的調整や社会原理が資本原理をうまく飼いならしていた時代であった。ポラニー的にいえば市場原理からの「大転換」が起こった。こういうふうに思います。

それが一九七〇年代以降、特に一九九〇年代以降、「グローバリズム」という名の下に再び剥き出しの資本原理が前に出てくるという、そういう動きをしている。ですから二百年の歴史を整理すると、資本原理が強くなったり、社会原理が強くなったりしながら、とにかくこの二つの原理の対抗として歴史が織りなされてきた。これからもそうであろう。私としてはそう思っているわけです。ですから、五〇年後には資本主義でなくなるといわれたとき、そもそもそんな先の話は分からないということは別にしても、そうかなぁ……と思うわけです。ポイントはこれから先、「資本」原理は何を主要な立脚基盤とするか(工業か、情報か、金融か、その他か)、そして「資本」原理と「社会」原理がどういう対抗関係をなし、どちらの力が強くなっているか(つまりどういう調整か、どういう資本主義か)というところにあるのではないでしょうか。

●「世界経済」をどう理解するか

もう一つ残ったのが「世界経済」をどう理解するかです。四番目の問題です。ウォーラーステインは「資本主義世界-経済」といいますが、「資本主義」の方にはいまいったような留保をつけたいのですが、「世界経済」の方にも注文をつけるとしたら、いまの話と同じようなことになります。つまり、「資本主義」というのは無限の変革の力であって、本質的に国境を越えるといいますか、普遍的です。だから資本の空間は原理的・本質的に「世界経済」であって、そういう意味でウォーラーステインが資本主義世界-経済というのは当たっている。資本主義というのは生まれながらにして世界経済的なんです。「世界商業および世界市場は、十六世紀において、資本の近代的生活史を開始する」(『資本論』)とは、マルクスの有名な言葉です。世界経済の範囲や密度はいろいろ変わるでしょうけれども、資本主義は生まれながらに世界経済的なものだろうと思います。

ところがしかし、現実の資本主義は常に世界経済的にまとまっていたかといったら、そうではない。全然ちがう。むしろ現実の資本主義は、必ずそれを調整する何らかの社会空間とともにしかなかった。いままでの代表的な調整空間は「国民国家」でしょう。資本主義はそういう枠組みの中で調整されてきた。資本主義は変革の力であると同時に、それを調整する原理は自己自身の中になくて、社会のうちにしかないといいましたが、この中心的な調整空間はいままで世界であったためしはない。資本主義というのは本来的に世界経済的なものなんだけれども、現実にはそれは例えば国民国家という枠組みの中で調整されてきて、そのなかで一つのまとまりを持ってきた。だから資本主義の世界経済的本性を知っていたマルクスも、『資本論』の実際の理論展開にあっては、国民経済的な枠組みに視点を置いているわけです。

つまり、歴史があたかも「資本」原理と「社会」原理の対抗であったのと同様、「世界経済」と「国民国家」の対抗としても存在するのではないでしょうか。歴史を広く見わたせば、国民国家以外にも、都市とか、自治体とか、地方とか、さらに最近でいえば産業クラスターとか、そういった調整空間も存在するとは思いますが、代表的にはやはり国家でしたね。こういうふうに、私としては思っております。

それが最近一〇年ぐらい前から、もっと前からでしょうか、もはや国民国家という調整の枠組みが小さ過ぎるという形になってきて、さまざまな国際的なリージョナリゼーションといいますか、地域統合ですね、それが前面に出てきた。ＥＵとか、ＮＡＦＴＡとか。あるいはアジアでも、まだ模索段階ですけれども「ＡＳＥＡＮ＋日中韓」ですか、そういう動きが目立ってきた。つまりグローバリゼーションの時代、一気に世界的な調整が実現するのかといったら、直ちにはそうならない。つまり、資本主義を世界のレベルで調整なりガバナンスなりするには、世界そのものはまだあまりに異質過ぎる。そういうわけで、国民国家の枠を超えるような調整空間はただちには世界空間とはならなくて、むしろ比較的同質なまとまりをもつリージョン（国際的地域）といった単位が主役になってきた。それが今日ですね。

例えば第二次大戦後の資本主義の黄金時代といいますか、先進国の黄金時代、フォーディズムの時代、この時代にももちろん国際化が進展したわけですが、それでもやはり国民経済中心の経済運営がなされたと思います。ところがフォーディズムが崩壊した後の一九七〇年代、そしてそこから一九九〇年代にかけてずっと、国際化が進展してきます。グローバリゼーションといいますか、特に金融のグローバリゼーションということで、資本主義の世界経済化が非常に進展したことは事実です。しかし今日、グローバリゼーションということで世界経済化が進んでいるとはいえ、国民的なもの、あるいは社会的なものが廃棄されたわけではないし、将来的に廃棄し尽くすわけでもない。国民的なものなり何なりは依然として残るし、重要な役割を果たすだろうということだと思います。

認識として一番いいたいことは、資本の力は変革の力であって、それは必然的に世界的といいますか、グローバルなものなんですけれども、その力を放っておくと必ず社会的なものを衰退させていく。市場原理が過度に進展すると、社会的なものは必ず衰退する。そして、そのこと自身が、実は市場とか資本主義の原理を逆に危機に陥れる。そういう意味を含めて、必ず何らかの形で、いわゆる社会の側からの反抗といいますか、揺り戻しといいますか、それがある。でないと、人類は生存できない。歴史はそういうふうに動いているのだろうと、私は思っています。で、ウォーラーステインの場合、そのあたりの理解がどういうロジックになっているのでしょうか。「反システム運動」という論点がそれに当たるのでしょうか。ちょっとその辺が、よくわかりませんけれども。

先走っていえば、二十一世紀のこれから五〇年先なんて、実は私は全然読めません。がしかし、いまの二十一世紀初頭の時代は、グローバリゼーション、特に金融のグローバリゼーションなり、アメリカの市場原理主義なり、その力が非常に強くて、そういう形で社会的なものが破壊されている時代だと思います。ところが歴史の教訓からすれば、これには必ず揺り戻しが出てくる。それがいつどういう形で出てくるかは、ちょっと予想がつきませんが、しかし必ず出てくる。それが歴史だろうと思います。ポラニーを使えば、彼は一九三〇年代以降を「大転換」といった。つまり三〇年代のニューディール、社会主義、ファシズムの勃興とともに、十九世紀以来の自己調整的市場からの大転換が起こったという。その例を引き合いに出せば、二十一世紀、今日のグローバリゼーションという「悪魔のひき臼」に対する大転換、つまり歴史的には「第二の大転換」がありうる。グローバリゼーションという名の市場支配に対する「社会の自己防衛」が、何らかの形で出てこざるをえないのではないかということです。

●「パクス・アメリカーナ」は衰退しているか

資本主義が消滅するかどうかはともかく、資本主義は歴史的に変化していくし、各国ごとにヴァラエティがあることは確かです。そういった資本主義の変容と多様性は、結局、資本の原理をどのような社会の原理によって調整するか、その種々相のちがいということになる。社会の原理がどういう制度や仕組みによって資本の動きを調整するか。それは国によって時代によっていろいろ多様でありうる。「社会」の原理といっても、伝統、文化、慣習、家族システム、また労働、教育、企業、そして新たにできる法律や協定など、さまざまな要素がからみあって「社会」がある。その意味で各国ごと、多様であらざるをえない。

ただ、多様だといわれても困るので、レギュラシオン理論の成果を紹介すると、日本は大企業主導型の資本主義。それに対してアメリカは、どちらかといえば今後も市場主導型というか、資本原理、市場原理がむき出しになる形の資本主義であろう。その対極はやはりヨーロッパであって、ヨーロッパは北欧の社会民主型であれ、フランス等々の国家主導型であれ、何らかの形で資本主義を「飼いならそう」といいますか、制度化して「制度の枠にはめていこう」という動きが非常に強い。そういう意味で、アメリカ的なものの対極をなしている。ですから資本主義類型からいっても、アメリカとヨーロッパは非常に肌が合わない。

問題はアジアなんですけれども、ウォーラーステインはアメリカとアジア——特に日中ですか——はくっつくだろう、アメリカは日中をくっつけてヨーロッパと対抗するだろう、というようなことをいっているのでしょうか。残念ながら非常にあり得る構図だとは思うのですが……。つまりアジアというのはまだ必ずしも十分な制度化もないし、制度化をやっていくような人権意識、ヨーロッパに見られるような人権意識も必ずしも十分発達していない。そういうところでは、結構アメリカの力に押されて、市場原理や資本原理がむき出しになるような資本主義ができかねない……。まして、いまのグローバリゼーションというのは、所詮、アメリカが「自己の姿に似せて」世界をつくり変えようとする運動のことですから。

という話になると、最後に五番目の論点として、「パクス・アメリカーナ」の問題を考えざるをえない。これについてウォーラーステインは、一九七〇年代以降、米欧日の三極体制ができ、パクス・アメリカーナはゆるやかに衰退しつつあるという。もっとも、最近の金融的蓄積によってアメリカが有利になったともいうし、日米対欧州の覇権争いでアメリカは勝つだろうともいいます。あるいは、さきほど猪口さんが引かれたエマニュエル・トッドは、九〇年代以降のアメリカの貿易赤字や資本流入を指して、世界はアメリカなしでも生きてゆけるが、アメリカは世界なしでは生きてゆけないのであって、もはや「帝国」は終わったといっています（『帝国以後』藤原書店、二〇〇三年）。それぞれに面白い議論なのですが、要するに今日は「帝国」なのか「帝国以後」なのか。「パクス・アメリカーナの衰退」なのか、それとも「第二のパクス・アメリカーナ」（ボワイエ他編『脱グローバリズム宣言』藤原書店、二〇〇二年）なのか。

一つの見方として、大きくは「衰退」なのかもしれないが、そのなかの一コマとして「第二のパクス・アメリカーナ」とも呼ぶべき時代にわれわれはいるともいえるのでないか。このとき、もちろん「第一のパクス・アメリカーナ」というのは第二次大戦後の時代であって、アメリカは唯一戦争被害のなかった国として、世界のほとんどの富を集中した超大国としてあった。ヨーロッパや日本にも経済援助をする形で、ソ連世界に対する対抗軸をつくっていた。世界的には冷戦体制と、ブレトン・ウッズ体制（IMF／GATT）として秩序づけられていた。

「第二のパクス・アメリカーナ」は一九九〇年代あたりから形成され始めたのかもしれませんが、これは第一のそれとはちょっと違って、やはりまず金《きん》とのリンクをとっぱらわれたドルですね、これが世界の基軸通貨になっていることが大前提。ということは、アメリカのみが通貨において特権的な位置にあるということです。世界が、そういう意味で非対称的になった。そのうえにいまのアメリカの金融主導型経済があり、世界に対する金融自由化や規制緩和の要求がある。そのうえにさらに情報産業面でのリードや、圧倒的な軍事力が加わった。金融、情報、軍事での圧倒的な力を背景にしつつ、しかしアメリカは世界秩序の維持のため責任ある行動をとるというよりも、きわめて単独行動主義といいますか、自己利益優先的な振舞いをするようになった。スーパー三〇一条（不公正貿易国と行為の特定・制裁、一九八八年）とか、環境問題では京都議定書の離脱（二〇〇一年）とか、それから米ソ反ミサイル防衛条約の破棄（二〇〇一年）とか、それから国際刑事裁判所離脱（二〇〇二年）とか、国連無視のイラク戦争（二〇〇三年）とか。そういうような勝手な行動をやっている。

かつての第一のパクス・アメリカーナでは、他の先進諸国もみなアメリカにならえということで、大量生産方式とか、アメリカン・ウェイ・オブ・ライフとか、それが世界に普遍化していった。それが同時に戦後のパクス・アメリカーナを支え、それなりの世界平和をもたらした。今回の第二のパクス・アメリカーナは、他国がみならうことも、世界中に波及させていくこともできない。また「パクス」というのが「平和」であり「支配」であるとするならば、平和よりも支配の側面が非常に強い。そういう特徴をもちながら、とにかく一見かもしれませんが、アメリカが再び強くなっている。その強さの源が世界に普遍化できない非対称的なものであり、世界的な支えのないものではありますが、とにかく世界はアメリカに振り回されている。それが逆に、ウォーラーステインにいわせればパクス・アメリカーナの衰退の兆候なのかもしれませんけれども、いずれにしても一九七〇―八〇年代の意気阻喪したアメリカとは違う。要するに、仮にパクス・アメリカーナは衰退基調にあるとしても、そのなかの起伏をもっと見ておくべきではないか。

あといろいろありますけれども一番いいたいことは、要するに先ほどからいっていますように、二十一世紀世界も「資本」的原理と「社会」的原理の新しい形での対抗といいますか、拮抗といいますか、そういう形として進んでいくだろうということです。「二百年」「五百年」問題も根は同じことです。ウォーラーステインには覇権問題という視点が強いんですけれども、そういう覇権問題の背後にあるものは、資本原理と社会原理の対抗ではないでしょうか。二〇五〇年にどちらの原理が強くなっているか、それぞれがどういう形態をまとっているか、それは予測がつかないのですが、だいたいそんなことを思っています。

アメリカ資本主義経済の未来（猪口孝）

●基本的変数としての人口の高齢化

猪口　すぐに続けさせていただきます。「アメリカ資本主義経済の未来」と、とんでもないことを話します。二十一世紀前半のアメリカ資本主義経済の動向を見通すために、つまり二十一世紀を世界史的に位置づけようという、先の話なんです。何といいますか、アメリカ資本主義経済の動向の特徴を、とりわけ過去半世紀ぐらいを見ながらこれからの五〇年を何となく想像しよう、見通そうという荒っぽいことをやろうとしているわけです。四半世紀前ジュネーブの国際問題高等研究所の同僚だったフレデリック・プライアーの『アメリカ資本主義の未来』に教えられました。

一番。まず基本的な変数は人口の高齢化でして、これは特に日本だとか中国とかヨーロッパということに限らないで、アメリカも非常に人口の高齢化は着実です。高齢化というのはバンバン使うというよりは大事にしようということになりますが、どちらかというと貯蓄が少なくなるんですね。とりわけアメリカの景気が激しくなるとバンバン使うような仕組みがいっぱい出てきて、使い過ぎていま困っているわけですが。それとともに、人口の高齢化は反対の方向に向けてくれる移民の流入が――アメリカはそれで有名なはずだったんですが――ここ一〇年、二〇年でいやに定着してしまって、流入が意外とないんです。すごく少ないんです。その前に入った、つまり一九五〇―八〇年代ぐらいまでに入った人たちの家族がうわっと出てきて、スペイン語を話す人がふえてきたとかそういうことはあるんです。けれども新規流入は非常に小さく、低レベルになっています。したがって若い人ですから、お金がどちらかというたまりにくい。移民だったら、もっとたまりにくい。ものすごく頑張って儲かる人もいますけれども。アメリカでさえそういう若年層が大きくなると貯蓄というのはなかなかゆっくりしかたまらないので、貯蓄拡大にあまり寄与はしていないと見て構わないと思いますね。貯蓄が大きいと経済の単純生産ではなくて、拡大再生産が可能になる。貯蓄が大きいと消費も大体高くなるので生産も拡大します。貯蓄のいく分かは投資に向かいます。それは経済の生産過程を拡充させたり、効率をよくする新機軸のためにつかわれます。貯蓄が小さいと、経済の単純生産でせいいっぱいになります。ひどくなると、経済の縮小再生産になります。

それからとりわけアメリカ以外にもいろいろ投資先がものすごくふえているわけですから、アメリカの資本は必ずしもアメリカにいるとは限らないという地球資本主義的状況の中で、人口の高齢化、貯蓄の減退というのはまず一番重要な変数と見ていいのではないかと思います。それはもう二〇―三〇年続いているわけでして、これをこれからの二〇―三〇年一気にひっくり返るほど移民を増すとか、貯蓄を奨励するような政策をアメリカ政府はとらないと、僕は思います。

●金融システムの弱さ

二番目。金融システムの弱さというのはやはり全部ゆるゆるといいますか、自由にするというのはやはり無理があるので。激しく経済の上下運動、上がるかと思ったらばんと下りるというようなことが強くなっておりまして。永久に経済的な景気循環から開放されたという、「New Economy」という論文がつい三―四年前に『Foreign Affairs』に載った。その後ちょっとエンロンとか、ワールド・ドット・コムみたいな、ものすごくコンピューターの上での操作だけでやっているみたいな資本主義の実態がかなりわかってきていると。そういうことが明らかになっている中で、この金融システムの、それに付随する本質的な脆弱性というものは、アメリカの資本主義活動をちょっと弱くしますね。結局金融がハッキリ、しっかりしていないとなかなか思い切ったこともできないし、先のための投資がやりにくくなりますから。これはかなり、ボディ・ブロー的に来ると思います。

日本だって、別な問題で金融システムがだめなんですが、アメリカの場合は一番大きいし、しかもアメリカ的資本主義システムといったものはこうなんだといった、あまり絵に描いたような自由な金融システムのデザインは、そううまくは動かないということが明白ですから。

●所得格差の拡大と脱規制の欲求

それから三番目。これはレッセ・フェールといいますか、自由にやって頑張って儲けようという感じの一つの帰結点ですけれども、所得格差の拡大はまだまだ激しくなっておりまして。移民の流入が着実増加でというのは先ほどいったこととちょっと反対みたいですが、低レベルで、それでまだそれなりに入ってくるわけですよね。だから賃金は抑圧されたままなんですね。不景気が長く続いて、移民が入ってくると移民は低賃金でも職をとるから、そういうふうにどんどん下方にいくということになって、所得格差自体、「そんなものはいいんだと」、先ほどいったような、ダニエル・ベルのリベラル・プロジェクト型に考えない人が非常に多くなっているものですから、どうしようもない。

企業は脱規制と無税の立法を急いでいるわけです。無税の方を先にいいますと、ブッシュ政権はものすごい大減税の提案をしましたけれども、やはり議会の方がまたそれをだめだといってかなり押し戻されていますけれども。でも希望といいますか、その欲するところは企業なんか無税ぐらいにしようということなんですね。それから規制についても、いや、環境だ、何とかかんとか余計なものをワーというのではなくて、もうバンと規制をはずせば企業は儲かって、元気になって、社会全体が富むようになるんだというのがありますからね。これはなかなか。もう大人、二十歳以上になったら説得なんてきくものじゃないです、こういう問題については。だからもう、大変。だからここの問題は、結局社会政策がない、ソーシャル・セーフティ・ネットがないと。大げさにいうと。そういう中でレッセ・フェールをやろうとしているんだから、無理が大きい。そういう中で、この第二のパクス・アメリカーナをやろうとしているというのは、無理だと思うんです。そこが弱さですね、三番目。

●グローバリゼーションの深化、セーフティーネットの弱さ

それから四番目。グローバリゼーション。アメリカというのはもう巨大市場なので、自分で何でもあるという感じで生きているような気がしますね。特に海岸からちょっと入ると、やはりアメリカは永遠に何か退屈な、牛肉とトウモロコシみたいな国だという感じがするわけです。ですが、にもかかわらず結局中国からいろいろなものがものすごく深く、へんぴないなかにも全部浸透し始めています。グローバリゼーションというのはものすごいものです。そういうことでいろいろなアメリカ自身の企業活動、構造もどんどん変わってきているわけです。

これはとりわけ中国……というわけではないけれども、もっと活発だけれども低賃金のところから来るものは全て、製造品がどちらかというと安いわけですね。だからもうバッとアメリカ人の労働者が、企業が、競争力を失いますし、そういう同じことをやっている限り失業者も出るし、破産も出る。そういうことで、バックラッシュは結構強くなる可能性はあるんですね。とりわけこれはどういう形になるかという点については、アメリカ経済はまだまだ何といいますか、借金は多くても普通に生きている場合の人が圧倒的に多いわけですから大丈夫だと思いますけれども。とにかく社会政策は根本

的にあまり必要がない、という人が政権の中では多い。また一般の人にも結構多いわけですから、このバックラッシュが本格的に来て、世界同時大不況なんてことになったら、どうなるかというのはわからないですけれども……。そうはならないとは思いますが。でも何かイラク戦争によってはそれさえも起こりそうな確率がちょっと高まっている。ふえているといっても三―一〇%ぐらいの確率でふえたというぐらいで、もう半分以上の確率とか、絶対そうなるとかそういうこととは全然違うんですが。

このグローバリゼーションの深化というのは、あの巨大な、莫大なアメリカ経済にさえもついにだんだん浸透し始めたということは、そんなもの気にもしていないといいますか、何でも自分のところでやってきたと思っているところでは、かなりのパニック的な反応をひき起こすと思いますね。結局二十世紀の初め、アジアからの移民に対して、あるいはヨーロッパの十九世紀の終わり、ヨーロッパからの移民に対してものすごく反発をしたのと同じような形で何かすごく排斥的というか保護主義的にいくというのとでは、保護主義的なものの方向性のほうが強いのかなと思いますね。難しいですけれども。

●環境破壊と原料稀少化

それから五番目。環境破壊と原料希少化というのは、これはアメリカのブッシュ大統領の出身地のミッドランドに行きますと、本当に何というか、「これは月面か?」という感じの、そういうとちょっと悪いけれども、要するにやはりテキサスというのは本当に、中国でいったら、新疆ウイグル自治区なのかよくわからないけれども、とにかく広大な、あまり何もないみたいなところがうわっと続いているわけです。そこで環境破壊や原料（例えば水資源）稀少化などあまり気にもしないで、企業活動に専心するという機運がものすごくあるわけですから、国際的なとり組みについてはあまり気にしないというのがいまは主流なので、結構大変なことになると思いますね。

ミシシッピ川の水の利用でも結構激しくやっているので、だんだん水資源が潤沢でなくなり農業がちょっと怪しくなってきている。もう価格体系からも負け始めているし、ほかのところに、例えば小麦とかだったらオーストラリアとかカナダとか、あるいはもっと別なところでものすごく出始めているわけですから、遅れていますし。水の確保が苦しくなってきたというのは、何かまずいことが起こっているんだと思います。使い過ぎ。あれだけの広いところですから、やりようによってはマルサスみたいな問題にはならないと思うんですが……。

猪口孝 Takashi Inoguchi

ただそういったやり方を世界のいろいろほかの国でやっていくことによって、局所的にものすごい感じでマルサス的な問題をひき起こしかねない。一番激しいのは中東でして、とにかく人口増加が激しい。一〇年だか二〇年だかで二倍になるみたいな話で、それはちょっと大げさですが、それぐらいの感じなんです。GNPというか所得水準は全体的にはほとんど上がりもしないんですね。何か知らないけれども激しいわけですよ。これはものすごくマルサス的な問題を抱え込むところがふえているわけです。それからアフリカは五八だか六〇ぐらいの国がありますけれども、やはりその三分の一は、本当にもう「これが国か?」という感じの状態になっているわけです。この問題は局地的には激しい。アメリカ自身も呑気なところですから、これにあまり正面からとり組まない。

●社会的凝集力の低下と政府信頼の低下

それから六番目には、やはり社会的凝集力の低下と政府信頼の低下。これは十八世紀の第二・四半世紀、フランス貴族のなれの果てのトクヴィルがアメリカの刑務所を視察旅行して、例のアメリカ論を著している。そのときに彼が感心したのは、共同体意識ですね。コミュニティというか、アソシエーションとかボランティアとか、そういったものなんですけれども、いまそれが、激しく後退しているわけですね。だからそこら辺は、そういったものを基盤にできてきたアメリカの仕組みというもの、国家とかあるいは小さな村落共同体的なものを基礎にしたところではいまのところ必ずしもダメージが激しくないけれども、何かこういうものをかなり主軸として考えたときに、それが激しく後退しているということはかなり厳しい帰結をもたらすと。

とりわけ深刻な政府不信というものは公共政策。あんなものやっても絶対通りもしない。議会は通りもしない。ヒラリー・クリントン現上院議員が以前に頑張った社会政策、福祉みたいなもの。二百日か四百日ぐらい使って、あっという間に結局どどっと崩れて、いまはもう跡形もない。何もない。やろうとしても議会にいかない。前進しないですね。それから教育政策でも、何かもうちょっとちゃんとやろうという試みはときどきあるけれども、結局たいして変わらないままになる。それからいろいろな形の政策ですね、連邦政府とかいろいろな形でやろうとするんだけれども、あまりそんなものが通ると思っていない面があるのではないかなと思うんです。

これまでは反テロリズムとか、ああいうところはぐわっと強くなる。それから減税ですね。だから、強かった共同体意識が弱くなる、それからみんながボランティアで寄付をやったり困った人を助けるというのが弱くなるといういっぽうで、今度は政府が公共政策に乗り出すのとは反対の方向に動いているものですから、両方ともみんな後退し、逃げている。何かこう、まさに自由な国みたいになってしまって、苦しくなっていくのではないかなというのが、この六番目です。これは難しいと思います。

●情報産業と超大企業化／公共支出の重要性の増大／地下経済・非営利部門・協力部門の増大

それから七番目。情報産業と超大企業化。これは当然のことで、情報産業というのはコンピューターを軸にして、とにかく頑張っていろいろな新しいことをやって技術進歩をうまく利用すれば、一番でかい企業だけが制覇できるわけですから、企業がさらに巨大化するんですね。これがまた問題というか、不祥事を含めて激しくなっている。

それから八番目はもう触れましたけれども、公共支出はすごく重要になって、連邦政府とか州政府の役割は重要なんだけれども、その割には立法化して何かをやっても、その効果がどうなったのかはハッキリしない。どこの国でも同じだといわれれば終わりなんですけれども、アメリカはこれがかなり深刻になっていくのではないかと思います。

九番目は税金をとられない部分が激しく大きくなっておりまして、それは市場自由化と関係があるんですけれども、地下経済が大きくなる。払いたくないから、地下経済。非営利部門というのは、ボランティア精神が活発だということになっていますからね。それから金を使ってやるのではなくて、何かみんな好き勝手にやるのだったらいいということで、非営利部門が拡大する。協力部門、つまりお互いに金を使ってではなくて協力してやろうという、そういった形のところがぐわっとふえているので、脱規制と企業活動無税化の趨勢の中で、あくなき利益追求が政府の徴税網からかなりはみだした形で拡大していると。というのは、結局なかなか税金がうまく集まらないで、ものすごく赤字になってしまったでしょう、あっという間に。レーガンが財政赤字克服にあれだけ頑張ってやったのが、あっという間ですからね。共同体の方も連邦政府の方も同じように走っていったら、脱規制と無税化という方向にいったら、これは政府は要らないというか、何もできなくなる方向に行っているということになってしまう。これは何かこう、覇権国家としては無手勝流になっていくわけですよね。ここが非常に深刻だと思いますね。

●一九四〇年、一九七〇年、二〇〇〇年の循環

それで半世紀ぐらいの流れで見ますと、やはり一九四〇年、一九七〇年、二〇〇〇年の節目をもって循環、というとちょっと大げさですが、一九四〇年は第二次大戦で、パールハーバーで一気にアメリカ流的にいえば孤立主義から国際主義・介入主義に転換した一九四一年ですね。一九七〇年は、やはりだめだったと、ちょっと挫折したときですね。少なくとも、もうベトナムから撤退を決めたままで戦争を継続した大統領が、この方向に行くわけですから。二〇〇〇年は、例の二〇〇一年の九・一一への流れということで、見かけとは全く反対に、心理的には非常に孤立主義に走っているわけですね。

ユニラテラリズムというのは、ほとんど孤立主義ですね。全面的には絶対うまくいかないから。何だ、おれはこんなに頑張っているのにみんな何もわかってくれないと。それどころか、みんな反米になっていると。もう嫌だという感じで後退する前兆ではないかなと思います。そういう意味では大きな振り子が、もうこの二十一世紀の初頭に振れ始めているのではないかなと思うんです。

世論も資本移動もそれと同じ方向に行っている。アメリカの世論は、要するにあまり外に出かけて面倒くさいことするなという。それからアメリカ以外のところで、「アメリカは嫌だね」というのがものすごいんですね。それから資本移動も。アメリカの国内で一等地なんかに住むのは激しく少なくなってきていますね、この二―五年。どうしてかというと、あまり儲からないから。何となく乱暴過ぎて、

何か嫌なんでしょうね。投資する資本家にとっては。だから欧州がやはりふえていますし、アジア太平洋も激しくふえている。そういったことから考えて、アメリカはやはり大きな流れを見れば、これはもうずっと激しく強いんだけれども、孤立主義的な方向にちょっとスイングし始めたなという感じです。

●パクス・アメリカーナの将来は

一一番目ですけれども、イラク戦争の前はまた楽観的な議論がアメリカではものすごく出てきて、パクス・アメリカーナの将来はパクス・ロマーナに似てきたという論調ですね。クリントン政権で高官だったジョゼフ・ナイ〔ハーバード大学ケネディ政治大学院院長、元国防次官補〕とか、ジョージ・ワシントン大学のヘンリー・ナウとかという人は、確実にそんな感じですね。それからロバート・ケイガンは論客ですね。激しいやつ。これもやはり、「アメリカはもう無敵。しばらくこれで行くから、覚悟しろ」というのがロバート・ケイガンですが。本当にそうですよ。

ところがこのイラク戦争の進展からちょっとまた別な論調も出てきて、ウォーラーステインなんかもそうなんですけれども、彼はずっと前からそうで、アメリカは一九七〇年代でもう落ち始めたと。第一に運営の仕方がまずい、それからいろいろな形で資本主義の活力を再生産する構造というよりは、何かほかのところを利用しながらやるという部分に行ったからだめだと。カプチャンの論というのは政治的なものですけれども、欧州が上がってきたという議論です。二十一世紀第一・四半世紀は、とにかく欧州であると。第二・四半世紀か第三・四半世紀は東アジアかもしれないけれども、とりあえずは欧州の方が上がってきてアメリカは衰退していく方向になったと。そういうんですが、突出的な実力を持っている限り、GNPから見ても軍事力から見ても、それからシステム・デザインの点から見て怪しげな、荒っぽいものなんだけれどもやはり力はあるんですね。

ヨーロッパ連合もあるんです。国連のミニチュア版みたいなものをいまつくろうとしているわけですから、ヨーロッパ連合は。どんどん、自分でつくった法律をほかの国でも立法化するようなことが進んでいるわけで。

全然関係ないんですが、僕は法制審議会に出ていまして知っているんですが、ヨーロッパ評議会で出来た法律にあわせて、日本の刑法もほとんどそれと同じようにちゃんと翻訳してつくっているんですよ。国連である決議をすると、何かいろいろな国で自分で国内的な立法化を諮る場合が非常に多いんですけれども、それは対テロリズムでも何でもいいんですが、人権尊重でもいろいろあるんですが、ヨーロッパ連合もそういうことをやり始めているんです。日本でもやっている。ちゃんと法律になっている。すごいんです。ヨーロッパのものをこうやってなぞって、矛盾がないかといって日本の法律体系の中で比べながら、ほとんどそっくりのように訳している。だからそういう意味でも、ヨーロッパというのはそういうところのシステム・デザインでもなかなか手強いんですよ。とにかくローマ法を引き継いで、やたらと法律とかそういうものにこだわるフランス人とドイツ人がくっついているものですから。なかなか面倒くさい。その実力を過小評価は絶対できない。

●第一・四半世紀——欧州の上昇

一二番目ですけれどもこれは先ほど既にいったことで、とりあえず第一・四半世紀は欧州が上がるのではないかなと。でもアジアもなかなかのものなのでその興隆はだんだん視野に入れていくべきであろうと。ただアンドレ・フランクみたいな大きな議論をする人は、当面はいない。中国の興隆について大げさな議論をする人はだいたい反中色の方が強いので、ちょっとここら辺は信用できない。それからもう日本はこの一〇年のおかげで、Japan is half dead. みたいな形の宣言をされましてあまり話題にならないんですが、いずれまた出てくると思います。だいたいユーロ・スクレローシス（欧州硬化症）とか、アメリカの二重赤字はだいたい一五—二〇年続いて、しばらくしてまた回復して元気になって、日本もたぶんそんな感じで、また元気があと五年ぐらいで出てくるんだと思うんです。

キッシンジャーは『アメリカは対外政策を必要とするか（Does America Need a Foreign Policy?）』という本を一—二年前に書いていますが、その中で日本について触れておりました。日本人は、決定ができない。決定するのに時間がかかる。大変遅い。それで、だいたい決定するのに一五年かかるという説があって。その例が三つ挙がっているんです。一つはペリー提督。アメリカ海軍のペリーが来たのが一八五三年。その後、いや天皇がどうだ、幕府がどうだ、そのままがいいとか、西洋化するのがいいとかワーワーいって、何をやっているのかと思っていたところ、一五年かかったというんですよ。明治維新に。ようやく近代化しなければだめだと。そういうのに一五年かかったと。

二番目の例は、日本がアメリカに徹底的に負けた一九四五年。ところが、いや反米だ、基地反対だ、労働組合がどうとかこうとか、それから憲法がだめだとかいいとか、どの方向を目指すのかわからないけれどもワーワーいって、ようやく心が定まって、要するに経済中心主義で安保は温存しろというのが一九六〇年だと。これは一五年かかっている。

それで次に日本に起こった大問題は何かというと、バブル崩壊。一九九一年。これは一五年かかるから見ていてくださいと。二〇〇六年ぐらいまでかかるでしょうと。そのころになると何か回復の兆しといいますか、そういうものが見えるでしょうという、半分冗談めいていながら、半分何か本当に本当みたいな感じのことをいっているんです。経済の循環というのはそんなもので、経済構造が大きく変わるときはそれぐらいのことがあると思えば、日本をhalf deadみたいにあまり思う必要もない。何か形で出てくるだろうと。二十一世紀の第二・四半世紀、第三・四半世紀では東アジアのピクチャーは、いまよりももっとハッキリしてくるだろうと。

●ユーロ・スクレローシス（欧州硬化症）

そういうわけで当面アメリカのパクス・アメリカーナの大きな流れはかなり惰性的につながって、表面的にはパクス・ロマーナに似てくる感じもするんですが、実態としては実際にパクス・ロマーナの最後の時期にだんだん似てきているような面があって、かなり独立的な一つの別なシステムによって動く部分、地域がふえてくるのではないかと。その候補としては西ヨーロッパとか東アジアになるんだろうけれども、その中での調整も結構大変だ。しかもそれらの地域を越えて、世界のシステムをデザインしていく能力が問われる。先にはこうした難しい問題を抱えている。実力という点における軍事力というのは意外に時間がかかる。新兵器、たとえばFSX、次期戦闘機だって二五年だか三〇年かかって、もうできたときはあまりだめだといわれているぐらいで、あっという間に二〇―三〇年かかる。とりわけこの社会システム、それから世界をどういうふうに運営するかといったときにはそのぐらいのスパンで考えないとだめだ。

そういうことでアメリカ資本主義の将来は明るいようでいて、意外と国内で見る限りでもちょっと難しい問題を含んでいる。市場の方でも、政府の役割でも、あるいは社会の中でも。ただものすごく強大ですからね。どれを見ても、もうほんのちょっとでひっくり返るようなシステムではないと思いますよ。エンロンなんかもう忘れてしまっていると思いますよ。そんな感じ。だからその辺は、あまり過小評価してもまず間違うと思います。ほかの国は弱いんです。もう全然。軍隊、もうアメリカ軍に比べたらほかのところは圧倒的に弱い。それは長期ゲリラ戦争をやって、ものすごくいっぱい死んでもいいというのは別ですけれども。

それから情報産業、これは圧倒的に強い。もうどうしようもないくらい。情報産業というのは機械的、技術的にどうこうというだけではなくて、中身ですね。知るべきことを常に持って、体系的にファイルして、それでそれをソフトとして出すということにおいては、アメリカは徹底的に強いですよ。根本的に全然違う。それはもちろん人工衛星がいっぱいあるということにも比例するけれども、それ

郵便はがき

料金受取人払

牛込局承認

0433

差出有効期間
平成16年6月
30日まで

162-8790

東京都新宿区
早稲田鶴巻町五二三番地

（受取人）

株式会社 藤原書店 行

ご購入ありがとうございました。このカードは小社の今後の刊行計画および新刊等のご案内の資料といたします。ご記入のうえ、ご投函ください。

お名前	年齢
ご住所 〒 TEL　E-mail	
ご職業（または学校・学年、できるだけくわしくお書き下さい）	
所属グループ・団体名　連絡先	
本書をお買い求めの書店 市区郡町　書店	■新刊案内のご希望 □ある □ない ■図書目録のご希望 □ある □ない ■小社主催の催し物案内のご希望 □ある □ない

書名　　　読者カード

●本書のご感想および今後の出版へのご意見・ご希望など、お書きください。
（小社PR誌『機』に「読者の声」として掲載させて戴く場合もございます。）

■本書をお求めの動機。広告・書評には新聞・雑誌名もお書き添えください。
□店頭でみて　□広告　□書評・紹介記事　□その他
□小社の案内で　（　　）　（　　）　（　　）

■ご購読の新聞・雑誌名

■小社の出版案内を送って欲しい友人・知人のお名前・ご住所

お名前　　ご住所 〒

□購入申込書（小社刊行物のご注文にご利用ください。その際書店名を必ずご記入ください。）

書名　冊	書名　冊
書名　冊	書名　冊

ご指定書店名　　住所

都道府県　　市区郡町

だけではない。やはり何かせっせせっせと、研究というほどではないにしても、調査研究、報道、これらをみんな消化して利用していくという仕組みが社会全体としてある。たまたま政府の最高地位に行く人がそういう仕事に適任ではない場合も結構あって、間違った政策決定をする場合も多いんですけれども、システムとしては圧倒的に強い。もう全然。

だからこの二つは、ワールド・システム・デザインというときの肝心な強みです。不可欠なんですね。とりわけ覇権とか世界運営とか、そういったことを考えるときは。それは一番強くなくても何かできるというものでもないので、そのシステムを運営するというところは、アメリカが断トツです。ときどきとんでもないことを考えていることも多いんですけれども、それでもその辺はきれいにシステムを使って、トップの政治的な思惑とはちょっと離れて、プロフェッショナルに有能なスタイルでばんと続けていくところは、ちょっと違うんですね。ヨーロッパの国はやはり規模は小さいですし、空間的に限られている場が多いし、ちょっと何とかなるというものでもない。アジアなんか行っても、そんなものはもともと日本なんか弱いですから。みんな自分のところだけの情報を持って、だれにも見せない。政府でもそう、省庁単位でやっているんだからわけがわからない。だから将来なんて、考えたことがない。今日明日のことでやっているみたいなところがあるから、ちょっと話が違うんですが。

アメリカ資本主義経済の未来としては、たくさんの欠点があって、後退の方向に向っていることを示すいろいろな変数の動きがあるけれども、とにかく過小評価はしばらくはできない。二十一世紀第一・四半世紀、第二・四半世紀でもかなりいい線を行っているのではないか。以上述べたような、かなり気になる問題を抱えながらもです。
それではさっそく加藤さん、お願いします。

九・一一とイスラム世界（加藤博）

●リベラル・プロジェクトへの対抗勢力としての中東

加藤　与えられたテーマから判断して、またイラク戦争が起きたこともあり、二十一世紀におけるイスラム世界の動向について話をせよと、この場に呼ばれたのだと思います。しかし、短時間で話をするには、イスラム世界は余りにも漠然として広く、私の手に負えません。そこで、ここではイスラム世界のうち、アラブ世界を中心とした中東を取り上げることにします。中東はほかのイスラム世界とは異なる歴史のダイナミズムを持っているからです。

現在の世界情勢について、私の問題関心からもっともゆゆしきことの一つは、北と南の格差がます拡大していることです。南の南であるブラックアフリカなど、まったく見捨てられた感があり、多くの紛争や事件が起きているにもかかわらず、それらが国際政治経済の場で話題になることはほとんどありません。中東もまた南の世界です。そして、その中東も、現在、その世界政治経済における位置を周辺化、ローカル化させていることはあきらかなように思われます。イラク戦争はこのことを顕在化させました。

ところが、中東は、ブラックアフリカと異なり、そこでの紛争や事件が国際政治経済の場ですぐに話題になります。その理由は明らかで、そこにパレスチナ問題、石油、そしてイスラムがあるからですが、しかし、ただ単にこれらがあるからというのではなく、この三つの要素が現在の世界政治経済におけるヘゲモニー構造、そしてそれを背景とした南北問題と深く結びついているからこそ、話題になるのだと思います。

中東は、この三つの要素を介して国際政治経済と深くリンクしているがゆえに、第二次世界大戦後、一貫して話題を提供し続けてきました。しかし、その理由といえば、一九八〇年代の前と後とでは全く異なり、正反対の理由によってでした。一九八〇年以前においては、国際政治経済における中東のプレゼンスが高まったからであったのに対して、一九八〇年以後においては、国際政治経済での中東の周辺化、ローカル化が進展したからだったからです。

しかし、ともに中東が時の国際政治経済環境に深く規制されていたことには変わりありません。そして、おそらく二十一世紀の今後においても、そうあり続けることでしょう。そこで、中東の過去・現在を振り返り、未来を見通すために、以下、セキュリティをキーワードにして、国際政治経済環境とイスラムとの関係を少し述べてみたいと思います。先の猪口さんの話での表現を使うと、中東はアメリカが進めようとしているリベラル・プロジェクトに対する最も強力な対抗勢力として考えられていますが、それは端的にはイスラム政治運動の高揚として現象しているからです。

この対立をいま流行の言葉で表現すれば、「文明の衝突」ということになるのでしょうが、私はこの言葉でいわんとしていることが分からないでもないし、それが現在の国際政治状況を分析するのにある種の有効性をもつことも否定しませんが、ことさら対立を煽るようなこの言葉を使うことを好みません。それはともかく、世界のヘゲモニックな構造的なあり方は、中心においてよりも、周辺においてよく観察できるというのが私の信念であり、この意味において、中東は、二十一世紀の世界史的位置づけを考察するとき、研究対象として格好な舞台と思われます。

●現代中東の画期、湾岸戦争

さて、中東はイスラム世界の一部、それも中核的な一部です。このことを疑う者はいません。しかし、イスラム世界が注目され、中東が論じられる際にも、イスラム世界の一部として論じられるようになったのは、そう昔のことではありません。実際、第一回イスラム首脳会議が開かれ、イスラム諸国会議機構が結成されたのは一九六九年ですが、国際政治の場でイスラム世界が注目されるようになったのは、一九八〇年代以降です。

現代中東史において決定的転機となったイラン・イスラム革命が起きたのは、一九七九年でした。同年、エジプト・イスラエル平和条約調印、ソ連によるアフガニスタン侵攻、イラクでのサッダム・フセイン大統領就任があり、翌年の一九八〇年にイラン・イラク戦争の勃発、一九八一年にはエジプトのサダト大統領の暗殺と、大きな事件が相次ぎました。こうした激動する政治情勢のなかで、一九八〇年代以降、イスラム復興のうねりが高まり、イスラム世界が注目されることになったのです。

今日、国際政治のうえでイスラム世界というと、通常、イスラム諸国会議機構メンバーの国家群を指しますが、この多様な国家群からなるイスラム世界がまとまった政治勢力として成長していくか否かは、あきらかに二十一世紀の世界におけるひとつの焦点でありましょう。しかし、現在においても、ひとつの政治勢力としてのイスラム世界が存在しているのか、論者によって意見が分かれるでしょうし、一九八〇年代以前の話となると、イスラム世界という言葉を使う論者さえ少なかった。それ以前は、「民族主義の時代」だったからです。

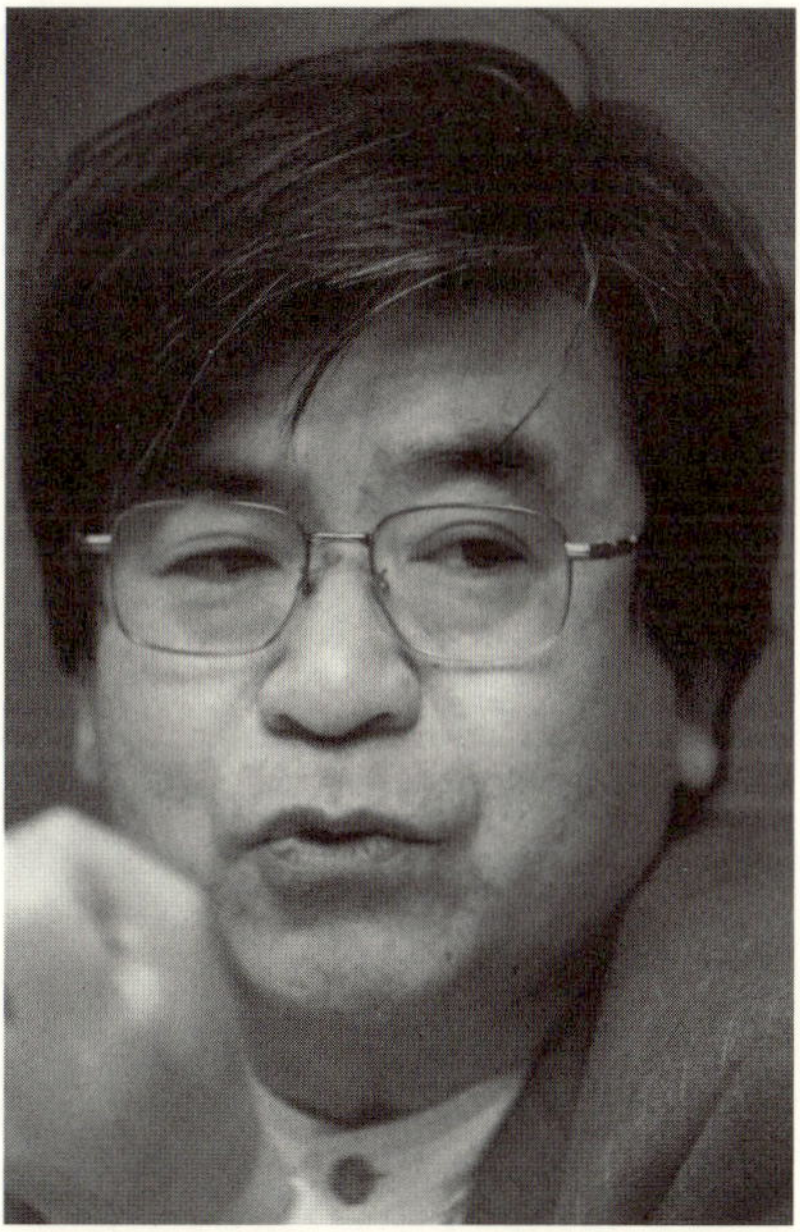

加藤博 Hiroshi Kato

また、こうした現代中東の画期について、九・一一を中東の現代史において特別な転換点であったとは考えません。中東という地域からみた場合、より重要な画期は一九九一年の湾岸戦争によってもたらされたと考えるからです。そこで、ここでは、九・一一だけでなく、二〇〇一年の九・一一をはさんで、一九九一年の湾岸戦争から二〇〇三年のイラク戦争へといたる一連の中東危機から見た、二十世紀中東の時代区分とその特徴、そして二十一世紀中東の行方について、概観したいと思います。

　私はエジプトを中心としたアラブ世界の十九世紀近代史を専攻する者なので、話を前近代から説き起こし、中東やイスラム世界にとっての近代の意味を問い直し、それを二十世紀、さらに二十一世紀の中東についての議論につなげたいと思うのですが、近代の見直しに関する議論はすでに色々な機会に行なっているし、そうすると本日の話が散漫になるので、ここでは禁欲的に、議論の出発点を、大戦間期における、現行の国民国家群からなる「中東諸国体制」の成立に置きたいと思います。

　さて、湾岸戦争は、明らかに中東の現代史において新しい時代を画しました。このことは、この戦争をきっかけに、米軍が湾岸地域に軍事基地を確保したという一事だけで明らかです。それまで、アメリカは、アラブ世界に、自由に使える軍事基地を持つことはできませんでした。ウサーマ・ビン・ラーディンがサウジアラビアにおける米軍基地に強く反発したことはジャーナリズムでも報道されました。

　このことによって、アラブ世界にどういうことが生じたでしょうか。アラブ世界の亀裂、それも地域安全保障体制の崩壊です。もちろん、アラブ世界に確たる地域安全保障体制があったわけではありません。しかし、その理念はありました。それゆえに、逆説的ではありますが、「中東諸国体制」を揺るがすような、一九五八年（―一九六一年）のエジプトとシリアの合併によるアラブ連合共和国結成や一九六二年（―一九六七年）のイエメン内戦勃発に示されるような、アラブ域内で国境の変更をも視野に収めた国家体制の変革が政治課題でありえたのです。

それは、「中東諸国体制」が大戦間期にヨーロッパ列強によって押し付けられた政治体制であるとの共通認識があり、中東の政治的独立がこの「中東諸国体制」の克服と修正を目的として展開されたからです。これに対して、湾岸戦争は、域内での勝手な国家併合による「中東諸国体制」の変更を許さないとして起こされました。イラク戦争では、事態はもっと逆説的なものとなり、アメリカは、既存のイラクの国境を堅持するとする一方で、イラクの政体（レジーム）の転覆をはかりました。つまり、イラクの国民国家の内実を壊しながら、その枠組みは維持しようというのです。

●中東の安全保障は「世界新秩序」の将来にとっての試金石

ところで、現在話題になっている、アメリカのヘゲモニーのもとにおける「世界新秩序」でのキーワードは、いうまでもなくセキュリティです。そして、「世界新秩序」の功罪がイラク戦争という形で、中東を舞台に論じられているのは、故なしとしません。中東の二十世紀は、まさにセキュリティをめぐる歴史のダイナミズムによって形成されたからです。ここでセキュリティとは、「中東諸国体制」のもとにおける、国民国家を単位とした安全保障を意味します。

すでに指摘したように、「中東諸国体制」はヨーロッパ列強を中心とした近代世界システムのもとで、大戦間期に、それまでの中東の歴史や生活環境を無視して、列強の思惑から人工的に作られたという側面が強い。そこで、その出発点から、いくつもの矛盾を抱え込んでいました。ヨーロッパ列強を中心とした近代世界システムの最盛期ならば、この矛盾も抑え込まれえたかもしれません。しかし、

「中東諸国体制」が形成された大戦間期は、ヨーロッパ列強を中心とした近代世界システムの落日期でした。

この「中東諸国体制」の不安定さは、第二次世界大戦後の冷戦期前半、一九五〇、六〇年代における頻繁な「革命」「クーデター」による政権の交代に端的に示されました。そのため、冷戦期後半、一九七〇、八〇年代における強大な権力をもつ政治家の台頭は、中東における国民国家の成熟として歓迎される側面をもっていました。リビアでカダフィーが王制を打倒したのが一九六九年、シリアでハーフィズ・アサドが大統領となったのが一九七一年、エジプトでナセルが急死し、サダトが大統領になったのが一九七〇年、サダトが暗殺され、ムバーラクが大統領になったのは一九八一年、イラクでサッダム・フセインが大統領に就任したのが一九七九年といった具合です。

ところが、これらの国家のほとんどが、現在、アメリカによって「独裁国家」と指弾されています。この指弾は、先に述べた、域内での勝手な国家併合による「中東諸国体制」の変更を許さないとして起こされた湾岸戦争、既存のイラクの国境を堅持するとする一方で、イラクの政体（レジーム）の転覆をはかったイラク戦争でのアメリカの意図と軌を一にします。つまり、国民国家の枠組みはそのままにして、国民国家の内実を壊す行動をとっている。

その行き着く先は、国民国家、そしてそれらの国民国家によるアラブ域内での地域安全保障体制の否定でしかありえない。その姿は、国民国家を単位とした世界の安全保障を希求する国連主義を無視する形でイラク戦争を始めた姿と重なってみえます。こうして、アメリカの一極軍事体制のもとで、

「中東諸国体制」のセキュリティ体制は、いくえにもねじれ、きしんでいます。おそらく、中東は「世界新秩序」の将来にとっての試金石であるが、それは同時に、国民国家体制一般の将来にとっての試金石でもあると思います。

●「西欧主義、民族主義、イスラム主義」の関係を正しくとらえる

そもそも、アジア、ヨーロッパ、アフリカの三大陸の結節点である中東は、古来、ひとともののの交流の地であり、そこでの人種・民族・宗教の多様性は際立っていたため、セキュリティ確保は、社会の秩序形成にとって前提でした。と同時に、中東は、地政学上の最重要地として、政治勢力が「世界」の覇権を目指して争った地でもありました。現在の国家群から構成される「中東諸国体制」は、十九世紀から二十世紀にかけてのヨーロッパ列強を中心とした近代「世界システム」のセキュリティ体制のなかで形成されたものです。

中東がいつから近代「世界システム」に組み込まれたかについては、ウォーラーステインの世界システム論との関係から、十七世紀から十九世紀までの幅をもって議論されてきています。私は十九世紀と考えていますが、十九世紀の経過中に、地域秩序の原理が「宗教」から「民族」へと移行したことは明らかです。オスマン帝国に代表されるイスラム王朝でのイスラムを理念とした統治システムからヨーロッパの国民国家をモデルとした近代的な統治システムへの移行です。

大戦間期における「中東諸国体制」はその帰結でした。そして、本日の話との関係で、忘れてはな

らないのは、この「中東諸国体制」が形成される前とその後で、イスラムの性格が決定的に変わったということです。それゆえ、「中東諸国体制」後のイスラムを、それ以前の十九世紀的な政治体制の下でのように、世俗的な理念と対抗的に捉えることはミスリーディングであると思います。

それにもかかわらず、現在でも、近現代の中東政治を、西欧化、民族化、イスラム化の三つの対抗関係として分析するのが一般的です。この三つの方向性を、西欧、民族、イスラムをそれぞれ理想あるいは理念とする政治モデルとするならば、問題はありません。しかし、この三つを同じレベルにあり、自由に選べる三つの選択肢とするならば、あきらかに間違っていると思います。

というのも、西欧化は通常、広い意味での近代化を含み、それは現代におけるグローバル化と同じく、ひとや社会が、同じ時代に生きる限り、等しく直面せざるをえない時代状況だからです。近代化が実質的には西欧化であったように、現代のグローバル化は実質的にはアメリカ化にほかなりません。この二つは、概念の上では区別でき、ことを明瞭に分析するためには、こうした区別は不可欠ではありましょう。しかし、グローバル化を時代状況と捉えるならば、この区別にさしたる意味はないように思います。それは、民族・宗教・文化の違いに関係なく、同時代のひとと社会が共通して対処せざるをえない状況だからです。

中東における国家建設において、西欧主義、民族主義、イスラム主義にもとづく三つの社会モデルのどれを選択するかは、それらが運動関係者の目的や目標にとってどれだけ有効な結果をもたらしうるか、を基準に判断されるべき、プラクティカルでプラグマティックな問題です。つまり、二十世紀の中東政治における西欧主義、民族主義、イスラム主義は同じ根っこをもつ三つのスローガンであり、イスラム主義を西欧主義、民族主義と本質的に異なる理念と考えるならば、イスラム復興の近現代史的意義づけを誤ることになると思います。実際、イスラムは、西欧主義や民族主義を標榜する独裁的な政体のために利用される一方で、独裁的な政体を倒す住民の政治運動のイデオロギーともなるという、両義的な性格をもっています。

●九・一一と中東の閉塞状況

さて、以上、二十世紀の中東の歴史は、中東諸国体制の成立期、民族主義の時代、イスラム復興の時代の三つに時代区分できると思われますが、そのそれぞれは、中東のセキュリティを担う国際的な主体が、ヨーロッパ列強であった冷戦前、米ソであった冷戦期、そしてアメリカ一国となった冷戦後に相当します。中東諸国の政治経済は、このそれぞれに厳しい国際政治環境を所与として営まれ、結局のところ、中東諸国の政治的な自由は、政策の選択肢の多いか少ないかにかかっていたように思われます。そこでは、セキュリティ自体が、国内、地域、国際政治取引の対象でした。

このように、現時点を歴史の到達点として、中東の二十世紀をセキュリティをキーワードに再考するとき、九・一一はまた違った意味をもつことになると思います。その衝撃のあまりの強さのためでしょう、九・一一直後、「九・一一以後、中東はどう変わりましたか」とよく訊かれたものです。この問いに対して、私は少々挑戦的に、「なにも変わっていませんよ」と答えることにしていました。

確かに、九・一一以後、中東の政治環境はきわめて悪化し、その意味では、大いに変わりました。しかし、それは思いもかけず、ほかの世界で起きた事件とそれにともなう国際政治状況の変化のためであって、中東はただそれを受動的に受け止めざるをえなかっただけでした。九・一一によって変わったのはアメリカであって、中東ではありません。アメリカにとって、この悲惨な事件の延長線上にイラク戦争が浮上したかもしれません。

しかし、中東にとって、イラク戦争は、九・一一を飛び越して、湾岸戦争の繰り返しです。中東の住民がイラク戦争で抱く反米感情は、九・一一ではなく、湾岸戦争の延長線上にあります。中東は現在、政治、経済、文化のすべてにおいて閉塞状況にありますが、それは、中東のセキュリティを担保に、中東諸国がすくみあっているからです。現在の中東は「変わらない」し、「変われない」。そのなかで、中東の国際政治経済における周辺化、ローカル化が確実に進行していると思います。

もちろん、そういったからといって、政治・経済・文化のすべての領域においてグローバル化が進む現在、中東の社会に変化がないわけではもちろんありません。いや、中東は現在、社会の情報化の波のなかで、大きな変革期に差し掛かっています。

たとえば、私はここ二〇年、エジプトのある村を観察しつづけており、つい一週間前、五年ぶりにその村を訪れましたが、ここ五年の村の変容には目を見張るものがありました。牧歌的な村であったものが、町の雰囲気さえ漂わせるようになっていました。さらに、びっくりしたのは、どの家にもテレビがありますが、そのテレビでは、カタールのジャジーラ放送によるイラク戦争の報道が四六時中流されていることでした。一〇年前にも、村社会は対外的に開かれており、出稼ぎや兵役を介した村民のネットワークを通して、世界各地の情報が村に入っていると指摘しましたが、現在の情報の共有は、想像を絶した広がりをもつようになってきています。

中東社会は確実に変わってきています。このことは間違いありません。しかし、それでも、先に現在の中東は「変わらない」し、「変われない」と述べたのは、変わるスピードがほかの、たとえば東アジア社会と比べて格段に遅いからです。社会にフラストレーションを貯めるのは、こうした変化・発展における地域や国の間での相対的な速度の遅さの認識ではないでしょうか。

●中東における政治的選択肢としてのイスラム

こうして、担保にされ、それゆえに中東諸国がすくみあっている中東のセキュリティ問題とは、第一にイスラエル・パレスチナ紛争であり、第二に石油、そして第三にイスラムです。一九四八年、アラブ世界にくさびのように打ち込まれた形で建国され、その後アメリカの中東安全保障体制の要でありつづけたイスラエルの存在は、イラク戦争後、いまさらながら中東の戦後史を規定してきたのだなと思います。また、イラク戦争において、アメリカがどう否定しようが、その政策決定の背後に石油問題がちらつくことは疑いようがありません。さらに、イスラムは「テロ」の温床と考えられています。

アメリカは、中東の国際政治においてニュー・カマーでした。しかし、この三つの問題を介して、「主役」「敵役」になってしまいました。そのアメリカのヘゲモニーのもとでの「世界新秩序」は、アメリカが現在の政策を続ける限り、中東諸国にとって、政策の選択肢を狭めるものです。九・一一は、この三つのうち、イスラムを異常なほど国際政治の舞台に引き上げました。それも、ネガティブな形で。しかし、イスラムは、先に述べましたように、中東の国内・地域政治にとって、一つの重要な政策の選択肢として、ポジティブな形でも理解されるべきだと思います。

中東諸国における政権の長期化、「独裁」化、世襲化が進む一九七〇年代以降、政治体制の変革をもたらした政治運動は、一九七九年のイラン・イスラム革命や一九八五年のスーダンでのヌメイリー政権の崩壊など、それに対する評価はともかくとして、イスラムがらみでした。イスラムが中東では重要な政策の選択肢となりえることを逆説的な形で示したのが、一九九一年のアルジェリアでの初の複数政党制による国会選挙でのイスラム救国戦線（ＦＩＳ）の圧勝、それを受けての翌年一九九二年における選挙結果の無効宣言とＦＩＳの非合法化、そしてその後の内戦の勃発です。

そのイスラムを、「テロ」を介して、短絡的にセキュリティと結びつけるならば、アメリカは、イスラエル・パレスチナ紛争や石油の問題と同じく、政策のうえで袋小路に迷い込むに違いない。つまり、アメリカの中東政策についてまわるダブル・スタンダードの問題です。ここでダブル・スタンダードとは、交渉相手を敵と味方に分け、両者に対して異なる行動基準でのぞむ態度を意味します。

アメリカのダブル・スタンダードが端的にあらわれているのがイスラエル・パレスチナ紛争であり、たとえば核を含む大量破壊兵器の保有問題ひとつをとってみても、アメリカがイスラエルに甘く、アラブ諸国に厳しいことは誰の目にもあきらかです。そして、このダブル・スタンダードの罠から抜け出さない限り、中東住民の反米感情は増幅しこそすれ、決してやむことはないでしょう。

それで、二十一世紀において中東はどうなるのだということですが、ウォーラーステイン氏のように二〇五〇年における中東を見通すとなると、当然私も含めて皆さん生きていないわけで……。

猪口　わかりませんよ。

加藤　まあ二五年ぐらいは生きているかも知れないので、そのときを想像してみると、アメリカの一極支配が終わっているようには思えない。ということは、これまでの歴史の展開を考えてみれば、ドラスティクなアメリカの政策転換がない限り、中東の国際政治経済における周辺化、ローカル化は進むという悲観的なシナリオしか思い浮かびません。アメリカの一極支配は長続きしないと評価される立場から、アメリカの国内事情から、あるいは「北」の立場からむきもあるでしょうが、イラク戦争を経験してしまった現在において、少なくとも中東の立場からみて、現存の国際政治経済の構造的特徴が急になくなるとは思えない。

そのなかで、アメリカがいまのような反米感情をすこしでも薄めようと思うならば、あの悪名高いアメリカのダブル・スタンダードをなくしていく努力をしていくしかない。そして、そのためには、先に指摘した、セキュリティ問題に掠め取られて袋小路に迷い込んでいるパレスチナ、石油、イスラムの三つの問題を個別具体的に、それぞれについて議論の出発点を確認しつつ、多国間協力のなかで、問題点の集中的な解決をめざさなければなりません。しかし、残念なことに、いまのアメリカはこれとは逆の方向に進んでいるように思えます。

猪口　どうもありがとうございました。朱建栄さん。

アジアの勃興（朱建栄）

●「アジア的」視点による近代世界システムの相対化

朱　ウォーラーステインの三二の命題ですけれども、全般的な印象として、これが議論の対象としているのは近代世界システムとしての資本主義経済ですね。その延長で、今後の世界はどうなっていくかということにも触れています。しかし私が担当したアジアという視点で考えれば、そもそもこの近代の世界システムに対して、その前はそうではなかったし、今後も必ずしもその延長ではないのではないかと。そういう視点も必要かと思います。

数年前に日本でもそういう試算の結果が発表されましたけれども、一八〇〇年の時点、いまからわずか二百年前、中国の全世界の経済に占める割合は三割に達していました。日清戦争当時でも中国と日本の国力の差は十対一でした。そのため、戦争に負けた中国は日本の歳入の三年分の賠償を払うことができました。中国は主にアヘン戦争以後の近代になって、外部の侵略に加えとりわけ内部の小農経済システムの硬直化で、急速に落ちこぼれてきたというところですね。

近代資本主義経済はヨーロッパが中心でしたが、その始まりだったヨーロッパのルネサンスというものは、実際にははるか東洋にある輝かしい経済と文化を有する中国のことを意識して学んだり、また乗り越えたりしようというところがありました。新大陸発見の衝動に駆られたのも、やはり豊かな東洋があってそこへの新しい道を開拓するためでした。神秘的な、豊かな東洋の中に日本（ジパング）も入っていたわけですね。

そしてこのような、ヨーロッパよりレベルの高い豊かさ、別の知的蓄積があったことによって、近代システムと対抗するようなものがあっただけでなく、西洋をスタンダードと見なすどころか、それを超越するシステムが東洋に存在していたと考えられました。実際に、軍事力を除いて経済力、文化などの面において、少なくとも十六、十七世紀まで、東洋が優位を占めていました。これを冒頭に申し上げたのは、今後の世界の行方を見る上で、近代システムというものを絶対視することはすべきではないという考え方を強調したいからです。西洋システムの相対化、これは私のウォーラーステインの命題への第一のコメントです。

しかしこの二百年、西洋システムが世界をリードし、全世界に浸透させ、拡張していった時代であったこともまた間違いありません。この二百年、特にアヘン戦争以後の歴史を見れば、地盤沈下が続いた東洋社会が直面した最大の課題は、西洋システムの拡張にどのように適応し、そしてそれを学んで、東洋のシステムに欠けていた精神と近代的思想、制度、産業技術を取り入れ、あるいは東洋のシステム、土台の上に西洋システムをどのように移植して成立させ、活性化していくのかというプロセスだったのではないかと思います。

その中で改めて中国の社会主義とは何かを考えてみましょう。一時期神格化され、絶対化されたこの社会主義、共産主義の理論は中国では人類の理想、人類社会の発展が目指す究極的目標であると持ち上げられました。けれどもいまの中国自身も共産主義ということにほとんど触れなくなって、二〇〇二年十一月に開かれた一六回党大会でも、党の規約改正では注目すべき大きな変化が見られました。その中に「ブルジョア階級」という言葉がなくなりました。「資本主義」という言葉もなくなったんです。すなわち資本主義と張り合うため、あるいは打倒するためのものではなく、脱イデオロギーで経済、社会、政治の各方面に発展において互いに吸収しあい、地球共同体を形成していく、という新しい目標が打ち立てられたと言えます。直接は言及していないんですけれども、私の理解では、中国の中では今、社会主義は経済と政治の発展に必要な一つの手段であり、一つのプロセス・段階であると位置づけし直すことになったのではないかと思います。

これまでの社会主義は中国にとって何だったのでしょうか。それはまず政治面では封建主義、小農経済の時代からの脱皮を図るための手段でした。孫文が革命を起こして清王朝を倒したけれども、その後、「皇帝は打倒されたが、封建思想とそのシステムはほとんど残った」と中国で総括されたように、実際に一九一二年に中華民国が樹立した後も、軍閥割拠、忠君思想など封建時代の残滓はそのま

朱建栄 Ken'ei Shu

ま残りました。一九四九年以降の、共産党の指導下にあった強力な大衆動員、思想教育運動がなければ、二〇〇〇年以上も続いた封建思想の伝統と封建システムをドラマチックで半ば強制的に打破することができなかったのでしょう。女性の社会的地位が急速に上昇し、今は男女平等がほぼ確立されるに至ったが、これも社会主義時代の変化だったのです。もっとも、大躍進運動や、文化大革命などに見られるように、社会的な混乱ももたらされ、毛沢東が封建的な個人崇拝を助長する時期もありました。

　中国の社会主義はまた、立ち遅れた経済を復興させ、近代資本主義の活気に満ちた経済に追いつくための方法論となった。一九四九年の建国当時、中国には近代的な工業施設はほとんどなかったのです。その後、一貫して限られた資源を集中させて工業化、すなわち近代化を推進しました。農村と農民はその犠牲にされる対象となったが、国家に集中された権力と計画経済システムによって、工業の持続的な発展は保証されました。その過程で、ほとんどすべての産業分野で基礎が打ち立てられ、人工衛星も打ち上げられました。毛沢東時代の工業化の蓄積によって、その上で鄧小平時代に入って中国経済の躍進があったのではないかと思います。

では中国において社会主義をやらないで、資本主義をしていれば同じような封建時代の打破と工業化も可能だったのだろうか。実は孫文革命以後、まず資本主義の発展方式が模索され、試されました。民主主義的なルールがいったん作られたが、袁世凱の帝政復活（一九一六年）や軍閥の乱立を阻止できなかったし、農業社会を近代化、工業化に転換させることもできませんでした。緩慢なプロセスを経て数十年、百年かかっていれば孫文、蒋介石の政策の延長線上に工業化、近代化があったのかもしれませんが、国際競争及び内外の矛盾の山積によって途中で空中分解する危険性がかなり高かったのです。今の世界を見回しても、本当の民主主義というものは経済や社会の発展が遅れた国と地域ではほとんど根付いていません。民主主義は、経済が高度に発展し、国民生活が相当改善された上で初めて確保されることになるのです。

その角度からいえば、中国はいったん社会主義をやった上で、今は「改革・開放」政策を進め、市場経済を導入し、資本主義の「補講」を始めているのですが、巨視的に見て、中国は今もなお、二百年以来の近代化のプロセスに位置しているといえます。

では話をアジア（特に東アジア）に戻すと、このような二百年の、苦痛に満ちた試行錯誤を経て、アジア全体が近代西欧システムに適応し、いまの時点でいえばこのヨーロッパに源流を発した資本主義のシステムに関して、東洋各国でそれぞれの理解は違っていても一応吸収され、そして東洋のシステムの上に接木され、東洋的資本主義としてほぼ確立したと考えていいのではないかと思います。冷戦時代では日本、韓国、台湾、東南アジアだけがそのように見えて、中国は異質的な存在だったが、今日に立ってみれば、東アジアにおいて一つのまとまった傾向がはっきり見られるようになっています。すなわち二百年の歳月が流れた後、この時点でいうと、アジアはすでに西洋システムに取り込まれ、西洋型グローバリズム、世界システムの中の一員になったと思います。

ただ東洋の歴史と文化、人々の意識にとって、二百年というのは一段階に過ぎず、その歴史のすべてではないし、その歴史的な蓄積を質的に変えたものでもありません。数千年の持続的な歴史、文化、精神と思想があるので、今日の東アジア諸国と地域も資本主義、市場経済、民主主義を取り入れているが、欧米のものとかなり違う側面も呈しています。そして今後の展望において、そのまま西洋システムの中にとどまって、忠実についていくだけかどうか。私は必ずしもそうではないと思います。そういう意味でアジアの台頭、すなわち近代システムを吸収した上でさらに東洋文明の長所を再発見し、融合した新しいシステムの創造も、将来においてあり得るのではないかと思います。もっとも時間は五十年から百年かかるでしょう。

●東洋における「一つ」の経済圏形成の可能性

アジアについて定義は三つできますね。一つは国際政治上また地理的に、世界各地をブロックごとに分けるために便宜的に作られた概念、東が日本、西がレバノン、トルコまでの広い地域を指します。

スポーツ大会におけるアジアの概念も大体、この範囲を含めます。二番目は北東アジアから東南アジアにいたるまでの東アジアを指します。中東地域やインドなどと違って、東アジアは全般的に仏教、儒教的な影響が強く、農耕文化を中心とする、という特徴を有します。また三番目に、日本ではこれまで、自国を除いたアジア地域を「アジア」と呼ぶケースがあります。そこで「日本とアジア」を同列にする表現がよく見かけられることになります。このような三つのアジアのうち、特にここで問題としているのは東アジアという部分。そしてその中でも、ここ数十年の流れで見れば北東アジアに当たる日本、中国、もちろん台湾、香港を含めて、さらに朝鮮半島の韓国が、政治、経済、文化のあらゆる面で先頭に立ち、東アジア全般の発展を引っ張っているというような構図があるかと思います。北東アジアに当たるこれらの国と地域は、歴史、文化、思想、思考様式などの各方面において特に相似性があると見受けられます。

では東アジアは未来の二十五年から五十年の間、どうなっていくのだろうか。この二百年間、西洋のものを消化し、内在的に融合した上で、伝統的にあった東洋の思想体系、精神は合理的な西洋思想の洗礼を経て再創出されて、新しい東アジア型文化が創られていく可能性が大きく、しかも実際にそのプロセスがもう始まっていると見ることができると思います。

この東アジアにおいてその経済発展、アジア人の自立心と自信および連帯に向かう基盤をもたらしたのは日本です。十九世紀のアジアはほぼ完全に西洋に圧倒されたが、日露戦争で日本が勝利したことはアジアの再興を象徴する最初の出来事となったわけです。それは戦後、雁行というような形で日本が先頭に立ち、ＮＩＥＳ、そして東南アジア、中国を巻き込んだ、地域内の玉突き発展方式を形成しました。その次の段階、一九七〇年代以降、韓国、台湾、香港、シンガポールなどの台頭によって、東アジアは日本の独擅場《どくせん》から初めて地域内在の発展循環が形成されました。

一九八〇年代以降の、二十年以上にわたる高成長が続く中国の台頭によって、今度東アジアではより緊密な地域内システムが浮上し、より対等で水平分業を特徴とする経済圏として成立する可能性が大きくなってきたわけですね。経済圏が出来上がっていく過程で、文化圏も形作られていくと予想されます。

いうまでもなく、ヨーロッパや北米に比べ、東アジア地域には構造的な問題がたくさん存在します。民族と宗教の対立、領土紛争、冷戦時代の後遺症、特に経済発展水準の格差がかなり大きいことなどがそれです。日本と中国の間で見ても、まだ大きな所得水準の格差があり、社会体制も違います。そのような内在的問題が山積する中で、「一つのアジア」として発展していく可能性はあるでしょうか。

ここ数年、東アジア諸国間の経済交流が急速に進み、「自由貿易協定」（ＦＴＡ）の締結を目指す動きが活発化しています。日本とシンガポールの間にそれに近いような協定をすでに結び、中国とアセアン諸国との間では十年以内のＦＴＡ実現に向けて急速に動き出しています。そして日韓、中韓などの間にもＦＴＡの機運が高まっています。このような地域内の連携と分業体制の進展によって諸国間の発展水準の格差は地域圏、「アジア・アイデンティティ」の形成にとって徐々に問題ではなくなるでしょう。いくつかのＦＴＡが重なって東アジア全体が一つの経済圏を形成し、いい換えれば東アジアが世界に向かって地位向上していく方向はすでに見えてきているといえるでしょう。

東アジア諸国はまた、一種の共通した柔軟性、開放性があると思うんです。民族と宗教の対立は確かに存在するが、ほかの地域に比べ、互いに共存し、融合する傾向が強いと見受けられます。「文明の衝突」といわれた欧米とイスラムとの対立も、中東地域では不倶戴天的に、しかもますます激化しているが、東南アジアでは民族、宗教観の対立はもう少し温和的で、妥協的な様相を呈しており、ベトナム以北の諸国になるとなおさら共存と融合が進んでいます。そして閉鎖的ではありません。アメリカやヨーロッパ各国がこの地域に政治的、経済的なプレゼンスをもつことに対し、「追い出そう」「除外せよ」という声は第二次大戦後の東アジアではほとんど起きておらず、一九八〇年代以降はさらに、欧米との積極的な交流を進めています。二十一世紀の半ばに向けて、東アジアは恐らく排他的な経済圏、政治圏を成していくのではなく、ほかの各地域とバランスをとりながら、この地域独自の長所に自信を強め、開放的な経済圏および政治、安保面の協力システムを作っていくだろうと思います。

世界に対する東アジアの貢献を考える上で、自分の報告で特に強調したのは東洋の思想、文明という共通財産の存在です。今日におけるアメリカの単独行動主義、それはソ連の崩壊で対抗者、牽制者がなくなった結果生まれた現象といえますが、西洋システム、すなわち資本主義システムが二百年の歴史を経て到達した、一種の極限的な状態ではないかとも思うんです。

●農耕社会東洋と牧畜社会西洋

極限というのは、西洋システムはせいぜい二百年余りの歴史しかなく、ほかの各地域の文明と文化に対して包容し吸収するのではなく、押しのけて占領・支配を拡大してきたもので、それが現在、内在する深刻な矛盾を抱え、外部に対しても影響力をこれ以上強めることができなくなったことを意味します。この傾向を一番顕著に現しているアメリカは、排他的な「単独行動主義」のカラーを強めています。アメリカは国内政治において「民主主義」を標榜しますが、国際政治分野では「民主主義」と最もなじまないやり方をしています。

この西洋システムに対し、数千年の歴史を有する東洋社会は多くの面でそれに補完的、ひいては超越できるものを持っていると思います。両者の相違を比較するとすれば、東洋文化はもともと農耕社会的な発想から形成されたものであるのに対し、西洋文化、西洋システムは遊牧社会からの延長で生まれました。両者の発想の違いを簡単に比較すれば、人間と自然との関係において、西洋思想は人間中心であるのに比較して、東洋は自然と人間という両者の共存を重んじる。そのような共立、共存思想は日本の文化の中に今も大切に守られていますし、中国の伝統的哲学では「天人合一」、すなわち天＝自然と人間は内在的なつながりをもっており、片方の人間だけが優位に立てばいずれ自然の報復を受ける、という思想が強調されています。そして人間と人間の関係においては、西洋は個性と人権を最重視するが、東洋思想は自律と和を重んじます。現代的にいいますと、個人の人権に配慮する必要はありますが、それが強調されすぎて人間疎外、人間不信になることを避け、信義と信頼関係の構築を目指す、という発想です。単純化すると、西洋の論理は基本的に「性悪論」をベースにするのに対し、東洋の論理は「性善論」を基本とします。稲作文化の中では同じ地域に密度の高い人口が生活するようになり、人口密度が低い欧米のように個人の縄張りを主張する余裕がなく、互いに一定の融和をし信頼関係を築かなければやっていけない、という東洋思想の背景があるのでしょう。

さらに、人間と社会との関係はどうか。欧米ではまず個人的権利と契約関係を重視します。そのため、東洋から見ると冷たい社会構造が出来上がってしまいます。それに対し、東洋は社会における協調を何よりも重視し、その中で社会への個人の貢献、個人への社会の恩恵という両者は常にありがたく思われるものになります。現代の東アジアにおいて、社会的な契約も導入されていますが、それでもその考え方の根底には、契約以上のものを個人のモラル、努力に求め、個人の社会に対する貢献および一定の自己犠牲がいいことだと評価・奨励されます。

もちろん近代以来、東洋諸国はそのような東洋思想をずっと守ってきてよくやったかというと、必ずしもそうではありません。経済発展が遅れ、個人の生活水準が低い中では東洋思想を普遍的に実践する余裕がなくなっていました。それどころではなくなっていたのです。「豊かさ」と「貧しさ」には絶対的な基準はなく、個人の受け止め方に大いに左右されますが、かつて少しだけ余裕があっただけで自己満足していた東洋の庶民は西洋思想の影響を受けて、「人より上」の「豊かさ」を求めるようになり、その結果、物欲が旺盛になり、心の平静が失われていきました。

しかし経済水準が上がるにつれ、伝統も復活していきます。アジアで一番早く先進国の仲間入りをした日本において、まずその東洋思想が再発見され、守られています。バブル経済がピークに達していた時期に、『清貧の思想』という本が出版され、ベストセラーになったことに、自分は当時感動し、それが日本社会の根底における東洋思想の存在を示した典型的な例でもあります。次に韓国、台湾などが徐々に新興工業地域に変わっていったが、まさに韓国、台湾、香港、シンガポールなどで「儒教文明圏」という概念がいち早く提起されるようになりました。中国も「改革・開放」政策を進める過程で、特に近年において、東洋思想の再発見がブームになっています。孔子の思想を授業で詳しく学ぶ小中学校も現れました。

このような内在的東洋文明の存在によって、東アジア地域はすでに一つの経済圏を形成しつつありますが、その過程で、東洋思想の普遍的意義が再認識されていくでしょう。まさに自分の文化的蓄積があるから、外部のEU、アメリカの思想、文化の流入を今後はなおさら拒否・対抗するのではなく、自信をもってそれを取り入れながら、自分の社会と文化をさらに豊かなものにしていくと考えられます。同時に、東洋思想、東洋文化の一部の非合理的な硬直したものを淘汰し、その合理的な内実部分に近代の資本主義の洗礼を受けさせて、新しい姿として世に披露します。そしてそれをもって極限にいたった西洋思想、西洋システムを補完する。もちろん、この二、三十年の間、欧米でも「近代思想」に対する反省が行なわれており、実際に環境保護を通じて自然と共存することや、人間関係に愛情を一段と持ち込もうとすることなどをしています。これはたいへんいいことですが、問題はそれに関する西洋思想の裏づけが足りないことです。近年、欧米社会では仏教などの東洋文化・宗教に人気が出てきているのも、その新しい価値観のより所を東洋思想に求める傾向が現れている証拠でしょう。それに対し、東アジア諸国は西洋のいいことを引き続き学びながら、自分の東洋思想の蓄積を世界に貢献することができるだろうと思います。東アジア諸国がともにこの点を意識し自覚して語り合う、そして東アジアの連帯意識ないしその組織化が進んだ日は、すなわち地球社会、世界システムにおける東アジアの本当の台頭になるのではないかと思います。

それには時間がかかるでしょう。現実的に見ると、さまざまな問題を乗り越えて「アジアは一つ」と共通して目覚めるまで、気が遠くなるような努力が求められます。しかし自分の話の重点は「西洋システムの二百年を超える東アジアの存在」ですので、文明史的に見て、二〇五〇年をめどに、このような東アジアの連帯が意識と組織の両方で生まれる可能性がかなりあるのではないかと、半ば期待をしながら展望したいと思います。

●東アジアにおける地域対立

乗り越えなければならない東アジアの諸問題のうち、最たる問題の一つは地域内の政治的分裂、対立の存在ですね。南北朝鮮の間、中国大陸と台湾の間がそれです。また、領土紛争、領海、大陸棚などの争奪もあります。日本は周辺のほとんどすべての国との間に、北方領土、竹島、尖閣（中国名「釣魚島」）の領有権争いを抱えています。しかし視点を変えて考えれば、そもそものような紛争が起きたこと自体、それは西洋の発想を受け入れた結果であって、西洋システムのルールに基づいて行動しようとして生まれた問題です。特に領土、領海、大陸棚をめぐって、もともとの東洋システムでは、それは別に必ず領有権、帰属を明確にする必要がなかったのです。そして台湾と中国大陸の対立、南北朝鮮の対立はそもそも米ソなどの外部勢力が介入した結果もたらされた後遺症でもあるわけですね。日中間の歴史問題をめぐる摩擦も、それは西洋システムを取り入れる近代の過程で生じたことであり、西洋思想と近代的ナショナリズムの産物でもあります。もし東アジアにおける東洋思想の共有が進展し、経済の相互依存と一体化がさらに進めば、今は重く見られる問題も、それほど深刻ではなくなるのかもしれません。たとえば東アジアで経済圏さらに政治的文化的共同体が形成されれば、竹島、尖閣諸島の帰属をめぐる論争そのものが無意味になり、国同士が威信をかけて争う対象ではなくなるでしょう。

西洋システムが作り出した多くの対立を乗り越えるのに、香港返還に体現された東洋の知恵はすでにその長所を現しています。植民地としてイギリスに割譲された香港は、中英間の条約に基づいて中国に返還されなければならなかったけれども、経済的に遅れて、政治体制でも香港となじまない社会主義の統治下に戻ることには香港住民の大半が難色を示していました。この一見調和しがたい問題に対し、当時の中国指導者鄧小平が「一国二制度」(中国の主権下で社会主義の大陸と資本主義の香港の両立)という解決案を打ち出しました。しかし当時のパッテン総督は西洋的な発想に基づいて、主権がいったん中国に入れば香港の高度な自治は到底保障できないとして、中国との対決姿勢をあらわにしていました。返還が終わって数年たってから、欧米諸国はようやく、「一国二制度」は信用できると思い直すようになりました。香港経済は確かに今も、いろいろな問題を抱えていますが、それは香港旧来の問題であり、またアジアを席巻した金融危機がもたらした問題の一環でもあるわけです。全般的には香港の自治が保障されたことに、後にイギリス首相が北京を訪れた際、「われわれはようやく鄧小平の知恵と『一国二制度』を理解できるようになった」と述べました。

近代の西洋で生まれた「ネイション・ステイト」の概念では「一国二制度」の発想は到底理解できないが、中国では昔、チベットにおいて既にそれを実施していました。つまり北京の主権を承認する前提の下で、チベットが高度の自治を享受していたのです。康熙帝の時代から二百年余りの間、北京からはチベットに、「チベット駐在大臣」をずっと派遣していました。象徴的な軍隊、わずか数十人をもラサに駐屯していました。それ以外は、すべてダライラマやパンチェンラマらの自由に任せたわけです。主権と統治権に対して柔軟に区分をするという発想の延長で、香港の返還に適用する「一国二制度」方式が提起されたのです。ちなみに、インド亡命中のダライ・ラマ十四世は今、「チベットの独立を求めず、香港方式の高度な自治のみ求める」と話しており、やはり東洋の知恵による打開を考えているといえます。

いま台湾についても、中国は「一国二制度」方式による統一を呼びかけています。これは必ずしも香港方式を意味するものではなく、かつて鄧小平がいったとおり、「一つの中国」さえ認めれば、どんなことでも交渉次第で合意できるものです。経済の高成長によって北京の台湾政策に徐々に自信が出てきたこと、海峡両岸の経済的つながりは相当の程度まで太くなり、もはや離れられなくなったことなどの背景要因がありますが、北京は「香港方式よりはるかに緩やかな方法で、台湾は自分の軍隊を持ち、北京から長官も派遣しない」といった統一の条件を提示しています。もちろん台湾民衆の気持ちもあるからすぐに統一が実現することは難しいと思いますが、ここでいいたいのは、東洋の知恵は台湾問題に示されており、日中の間に尖閣諸島（釣魚島）の所有権紛争を棚上げにしたのも東洋的発想によるものだといえましょう。

●国家権力の衰退という時代の流れに中国は適応するか

ところで、ウォーラーステインが彼の命題の中で、二十一世紀における世界の流れの一つに、国家権力の衰退を挙げていますが、その通りだと思います。そしてこの流れが全世界で主流となるには中国の出方が鍵を握るといえるし、自分は、中国の進路はこの流れを促進するものと考えています。

振り返ると、世界の四大文明のうち唯一今日まで続いているのは中国文明ですね。どうしてか。これは決して中国が強力な中央集権型管理体制を持っているからではないんです。むしろ逆にローマ帝国、モンゴル帝国などに比べれば、中国の政治システムは極めて柔軟な耐震構造から構成されているためだといえます。その中で中央と地方の関係は常に相対的であり、互いの弱点を相互補完していました。そして高度の中華文明、漢字文化が、その両者が決定的な衝突、分離になるのを防ぐ背景的要因になりました。ミクロ的に見ると、中国の歴史において政治の重心は中央と地方の間をさまようような流動がいつもあった。しかし国が大きいがゆえに、極端に中央政権に権力が集中される時期がそんなに長く続かないし、一方、地方が主導権を握るいわゆる軍閥割拠、分裂になると、「大一統」（統一国家）にもどす内在的なエネルギーが台頭し、完全な分離・独立という最悪の事態を回避します。その歴史の中で秦の始皇帝が完全な中央集権の体制を目指して成功しかけたように見えるが、短期間に終わってしまいました。その後、繁栄期の漢、唐、清など諸王朝でも、中央集権と地方分権の組み合わせを実施してきました。その結果、高度に権力が集中したローマ帝国、モンゴル帝国のように硬直した体制が金属疲労を起こしてもろくも崩壊するといったケースと違って、中国は中央と地方のバランスの存在によって耐震構造のように、小さい揺れは繰り返されるが、マクロ的に見ると、中華文明、中国王朝の持続につながったのです。

そのような歴史的な知恵を孫文も受け継ごうとしました。中央政府の存在と高度な地方・民族自治、という組み合わせを構想していましたが、しかし列強の介入もあって、軍閥割拠の局面をなかなか打破できませんでした。蒋介石は一応、中国を統一したものの、実際はやはり地方勢力の均衡の上に成り立つ政権でした。そこで毛沢東は武力で蒋介石政権を倒し、中国大陸の統一を実現した後、再び秦の始皇帝の時代みたいな、高度の中央集権を目指そうとしました。ただ、完全な古代模倣というより、共産主義革命家だった毛沢東は西洋流の「ネイション・ステート」を作ろうとしたといったほうが正確であるかもしれません。毛沢東は若いときから、アメリカ合衆国の創立者ワシントン、ナポレオンなどの英雄にあこがれていたのです。実際、建国後、毛沢東は中央集権を進め、地方の隅々まで政治、経済ないし国民の思想意識を支配する体制を作ろうとした。だがそれは失敗に終わりました。

その後に登場した鄧小平は再度、中央政府と地方との権力均衡を図りました。一九七八年以降の中国の発展は、決して中央政府が立派な政策指導を行ない、地方に多くの財政支援をよこした結果ではありません。逆に、鄧小平がやった最大のことは、中央政府の権限を地方に譲渡し、各地方に政策や資金獲得のための自由裁量権を与えたことです。今の各先進国では中央政府が握る財源は大きく、日本は九割以上が国税です。それを中央財政の財源にし、その一部を地方に還元していくが、決定権は中央政府に握られるわけです。それに対し、現在の中国の税収のうち、国税は四割、地方税は六割を占め、財源の大半を地方が握り、地方主導型の経済発展が進められてきました。中央政府は政治の安定を守り、その中で、広東、上海などの各地が百家争鳴して高成長の可能性を模索し、それを足した結果、二〇〇〇年までの中国の経済規模（ＧＤＰ）の五倍増が実現したのです。

では今後の中国において、その中央政府と地方との関係、地方と地方の関係はどうなっていくか。中央集権に引き戻すと、発展のインセンティブがそがれるし、地方分権の趨勢をそのまま容認すると、国の分裂に陥りかねない可能性が出てきています。新疆、チベットなど西部地域の少数民族の自立意識は経済と教育の発展に伴って一段と台頭することも予想されます。そこで、分裂を回避しながら各地の活力を引き出すため、連邦制の可能性が近年議論されるようになり、自分はその趨勢は最もありうると見ています。

中華連邦が二十、三十年後に現実化したときに振り返ると、一九九七年の香港特別行政区設立がその第一歩だったと総括されるに違いない。連邦制には中央政府の権限がかなり強いアメリカ型から、国家連合的なＣＩＳ（ソ連崩壊後に作られた独立国家共同体）にいたるまでいくつもの方式があるが、中華連邦はアメリカ型に近いと予想されるでしょう。実際に香港返還の際、外交と軍事権のみ中央政府に属し、あとはすべて特別行政区政府に任せ、裁判でも香港の高裁が最終決定権をもつことになっています。一方の台湾は、さまざまな要因により中国大陸との統一、統合を実現するのに時間が相当かかるが、仮に実現したとしても、台湾は自分の軍隊をもつといった政治連合になる可能性が大きい。中国各地方と周辺諸国・地域との経済一体化もさらに進展すると予想されるので、将来の中華連邦の姿は香港、台湾といった異なるシステムを包容した重層方式で、その先には国家の権力が一段と衰退するだろうと考えられます。

ここでは、周辺諸国との経済一体化に関する中国指導者および中国の知識人層の意識変化にも触れておきたいと思います。一九九〇年代の半ばごろまで、中国は政治、経済のあらゆる面において「一国主義」でした。ところが、その後、急速に多国主義にシフトしています。二〇〇一年秋、朱鎔基首相がアセアン諸国にＦＴＡ（自由貿易協定）の締結を提案し、一〇年単位でその実現を目指すことで合意しました。東南アジア諸国は当初、中国の提案を半信半疑で見ていましたが、その中身を見ると、中国は率先して市場開放をすること、東南アジアの中の遅れた国にはＦＴＡの実施前からその特産品の免税輸入を約束するなど魅力を感じるものがあったので、交渉の持続に応じることになったわけです。一年後、中国はさらに日本と韓国に対して進んでＦＴＡの締結を呼びかけてきました。日本は当面乗らないようですが、韓国との間の早期進展は考えられます。ちなみに、二〇〇三年六月、北京と香港との間に、FTAに準ずる経済協定が結ばれました。

日本は中国が提案してくるFTAに消極的で、内心警戒もしていますが、専門家は現時点でFTAを実施した場合の日中両国経済へのそれぞれの影響を試算したら、農業分野を除いて圧倒的に日本に有利、という結果が出ています。しかし国内政治および中国への警戒感が原因で、日本が当面、中国とのFTAに乗る見通しはありません。ここで問題としたいのは、なぜ経済的にまだ遅れている中国のほうが周辺諸国に積極的に経済の一体化を進めているのか、ということです。

その一つは、国内経済発展の趨勢から、周辺諸国との経済一体化がなければ、国内の経済発展の勢いが確保できないとの認識が生まれたためです。二番目は国際経済の大勢を見極めた上で、FTAと地域経済圏は避けられない趨勢だとの判断をもって、追い詰められて外部諸国の提示した条件で入るより、進んで新しい枠組みを作る作業に参加したほうが有利だという読みがあると考えられます。さらに三番目には唯一の超大国アメリカがその軍事力を中国包囲圏の構築に向けてくることを警戒しているので、地域内の経済一体化の推進はアメリカの単独行動に対する最強の防波堤を作ることになるとの思惑もあるでしょう。いずれにしても、中国が積極的に地域協力・経済融合に出てくることはアジアないし世界の趨勢にもかなりインパクトを与えていくと予想されます。

世界規模で見ると、ヨーロッパではEUという超国家の共同体が現実化しており、北米ではNAFTAと称する経済圏ができあがっています。東アジアにおいて巨大中国の連邦化、各国間のFTA、さらに地域全体の経済圏移行は二十年、三十年のスパンでは十分に考えられるようになっています。

その過程で、世界の行方にとって決定的な影響力をもつアメリカの動向は最大の焦点になるでしょう。それが唯一の超大国であるアメリカが、すでに手にした一国の優位を手放すかどうかにかかっているといえます。西洋システムの伝統的発想に基づけば、その強大な国家権力を絶対手放したくないでしょう。しかしEU、中国の連邦化、アジア版EUの進行はアメリカの単独行動を制限し、アメリカを、世界的な超国家システムに追い込み、縛り付けていく可能性はあると思います。

猪口　どうも、お待たせしました。川勝さん、お願いします。

日本の来歴と進路（川勝平太）

川勝　私に与えられたのは、ウォーラーステインの世界観を中心に、二十一世紀の前半期の世界がどうなるのかというテーマに関して、日本の位置を考えることです。猪口さんは最近、専門書を二冊ばかり出されています。一冊は『現代日本政治の基層』ですが、そこで、日本が近代世界システムないし欧米と関係した大きな転換点が三回ある。それは全部Pの頭文字とかかわっている。一つは、一五四三年のポルトガル人による鉄砲伝来。種子島に難破船がたどりついた。王直という中国人船長のジャンク船に三人のポルトガル人が乗船していて、鉄砲を伝えた。それを契機に「南蛮文化」が入ってきた。これが第一のP。つぎが一八五三年。一五〇年前のペリーの来航で日本は鎖国から開国へ転じた。これが第二のPです。三番目が一九八五年の先進七ケ国のプラザ合意。プラザ合意で円高になり、日本が自他ともに認める先進国になった。円高で日本はアジアへの投資を深め、アジアが活性化しました。これら三つの出来事は日本と西洋との関係で大きなターニングポイントです。その見解に賛成です。

これと、さきほど、猪口さんが提起された論点とかかわらしめたいと思います。第一の論点は、二十世紀を総括した上で、パクス・アメリカーナが二十一世紀前半期にも続くかどうかです。二十世紀のアメリカは、前半においては第一次大戦でドイツをたたき、中葉で太平洋・大東亜戦争で日本をたたき、世紀末には冷戦でソビエトをたたきました。二十世紀を通じて、アメリカは着実に強大になり、パクス・アメリカーナといわれる時代を築きました。では、それが二十一世紀にも継続するか否か。結論は、最初の四半世紀はともかく、半世紀のスパンでは「否」です。

まず、対外的には、冷戦後の世界は多極化しています。欧州連合はアメリカに一定の距離を持ち始めました。イラク戦争でNATOが一枚岩でないことも分かり、ヨーロッパの大国ドイツもフランスもアメリカの言いなりではありません。東アジアでは、日本こそ対米追随ですが、一九九七年の金融危機以後、東南アジアの有力国のなかでアメリカ批判が高まり、中国も対米発言力を増しています。冷戦のときよりアメリカの相対的地位は落ちています。二十一世紀冒頭にイスラム原理主義をテロと名指して戦争をしかけ、イスラム地域を敵にまわしました。その分、アメリカの地位が危うくなっています。

対内的には、先進国共通の高齢化問題のほか、貯蓄率の低さがあります。既にアメリカ全体の貯蓄率はゼロの状態で、財政赤字を抱え込んでいます。国内は人種問題というより、民族におけるアジア系移民が西海岸を中心に相当数を占めてきました。アメリカを支えていたWASP（アングロサクソン系白人新教徒）といいますか、キリスト教に支えられたコミュニティが崩れつつある。

対外的にも対内的にも、アメリカ中心の世界システムが二十一世紀前半にも続くと想定するのは難しいと思います。

●中枢国家主導型システムとしての近代世界システム

つぎに、日本はどう位置づけられるのか。一八五三年のペリー来航は歴史の分水嶺です。これは「資本主義二百年」のタイムスケールの話です。ただし、開港後の日本がつき合ったのはアメリカ合衆国というよりヨーロッパ、なかんずくイギリスです。アメリカはヨーロッパにとっては新興勢力です。特にイギリスにとっては南北戦争後のアメリカがそうでした。南北戦争でイギリスは南部に味方しましたが、敵対する北部が勝って、以後のアメリカはイギリスに敵対的な貿易政策をとりました。イギリスにとっては日本もアメリカも新興勢力でした。その日本とアメリカが太平洋をはさんで対峙し、やがて競合します。日本は明治維新の後、イギリスを追いかけ、同じように、アメリカも南北戦争後にイギリスを追いかけました。

一九〇二年に日英同盟が締結され、その後の一九〇五年、一九一一年の改訂を見ていくと、アジア太平洋地域の安全保障を図る上で、イギリスがアメリカよりも日本をますます友邦と認めていった過

川勝平太 Heita Kawakatsu

程が分かります。日本は欣喜雀躍して大英帝国をモデルに大日本帝国の建設に乗り出しました。二十世紀前半期の日本は大英帝国を真似て「東洋のイギリス」を目指した時代です。

しかし、先の大戦での敗戦で大日本帝国は崩壊しました。モデルであった大英帝国も弱体化して英連邦（コモンウエルス）になりました。

二十世紀後半期の日本はミニ・アメリカを目指しました。アメリカン・ウエイ・オブ・ライフ（アメリカ文化）に日本人の多くが夢を抱きました。アメリカの文物の影響を非常に強く受けた時代です。パクス・アメリカーナが凋落すれば、パクス・ヤポニカの時代になるかというと、アメリカに未来がなければ、ミニ・アメリカ（日本）の未来もないといわねばなりません。アメリカが直面している問題は、日本も大なり小なり共通して直面しており、一蓮托生の関係です。

それが第二の、近代世界システムが存続するかどうかの論点にかかわります。日本との関係でいえばポルトガルとの出会いで、五百年のタイムスケールです。ウォーラーステインは本書で一五〇〇—

二〇〇〇年の五百年を近代世界システムの一つのサイクルととらえています。そして、二十一世紀前半期を五百年の近代世界システムとは異なるシステムへの移行期になるだろうと考えている。どのようなシステムが生成するかは明示されていません。それは近代世界システムとは違う。どう違うのか。近代世界システムはオランダ、イギリス、アメリカなどと順次「中核」国家を軸にして周辺に分業構造をつくり、世界システムを外部に拡張してきた。けれども、「主権国家」「国民国家」が磐石の単位ではない現実が育っています。それは国家主権を共有する欧州連合（ＥＵ）の形成に現れています。アメリカも冷戦後のアフガン戦争、イラク戦争でも国連決議を尊重しなければならない現実がありま す。建前としてモンロー主義すなわち孤立主義ではやっていけません。

●近代世界システムを一つの「波」とみる

近代世界システムは、政治中心の古代の世界システムとは区別され、資本主義的世界経済ともいいかえられる経済中心のシステムです。

近代世界システムすなわち資本主義世界経済には景気循環の波があります。一番大きな波は五〇年のコンドラチェフの波です。コンドラチェフはソビエトの経済学者で、五十年の景気波動を書いた論文を最初にシュムペーターがその意義を見出して、彼は「経済発展の理論」にとり入れて一九三九年に『景気循環論』を書きました。それで広く世間に知られるようになったのです。景気循環を生む経済発展には幾つも波があります。コンドラチェフの五〇年の波、一〇年ぐらいのジュグラーの波、二

―三年のキッチンの波、それ以外にも今日では二〇年前後のクズネッツの波が知られています。景気が好況、不況、恐慌、また好況という循環の波を描くのです。

景気循環とは、基本的には、均衡から不均衡、不均衡から均衡へという波の繰り返しです。では、不均衡はどうして生まれるのか。それは均衡を破る経済発展がおこるからで、それをシュンペーターは「新結合」となづけました。新結合とは新しい原料の獲得、新しい生産方法の発明、新しい生産組織、新しい製品、新しい製品市場を見つけるなどの革新です。この新結合が起こると新しい波が生まれる。

私は、景気循環を含む近代世界システム自体が一つの大きな波であるとみなしています。超長波です。ヨーロッパにおいて近代世界システムが出現したとき、彼らの進出したアジア、アフリカ、アメリカなどから新しい物産（原料も製品も）が流れ込み、新しい組織、生産方法などシュンペーターのいう新結合が世界史上もっとも大々的に起こっているからです。

近代世界システムが出現する以前の社会は農業中心で、自然生態系に制約されていました。それは発展がないという意味で、停滞していたともいえます。あるいは、人間社会と自然との間で均衡が成立していたともいえます。この均衡を近代世界システムが破ったのです。それはヨーロッパだけでなく、ヨーロッパと関係したすべての世界の諸地域に不均衡をもたらしました。大きな波が生まれることになったのです。それが近代世界システムです。

自然との均衡を破って不均衡になったので、今度これが均衡に戻るときには、自然との均衡の回復という形をとるだろう。すなわち地球生態系と調和する動きに反転するという見通しです。

実際、冷戦後、地球環境問題への関心が高まっています。自然保全への関心や環境保護の運動の高まりは、自然を征服してきた近代世界システムの動きに対する反動です。私は地球環境問題への関心の高まりを一五〇〇—二〇〇〇年という超巨大な波の終わりの始まりになるとみなしています。

近代世界システムすなわち資本主義的世界経済の波の中に五〇年、二〇年、一〇年、三年など長短の波動があります。モデルスキーでしたか、百年の波があるという人もいます。それはともかく、五百年の超長波が終焉局面に入った。地球生態系と共存できるシステムに変えようという人間の意志が働いているのです。それが近代世界システムに終焉をもたらす。

そこで、今度は、五百年の超長波の中で日本をとらえてみます。先ほど、第二の転換点はペリー来航だと指摘しました。一八五三年のペリー来航からの時代では、日本もアメリカと新興国です。今度はそれを五百年の波でみてみます。これは第一の転換点のポルトガルとの出会いから考えるということです。

五百年前のポルトガルはマラッカに拠点をもち、マカオにも進出し、日本人も中国人とまじって、現在のフィリピン、インドネシア、タイのほか東南アジア各地に進出していました。ヨーロッパ史における大航海時代は、日本では後期倭寇の時代です。それは日本とヨーロッパとが辺境の地位から脱して勃興していく出発点に当たっています。

●西洋の「産業革命」における資本家と日本の「勤勉革命」における経営者

その後、私のいう「生産革命」が日本とヨーロッパで起こりました。日本では「勤勉革命」、ヨーロッパでは「産業革命」といわれます。ヨーロッパで最初に生産革命を経験したイギリスへオランダからヘゲモニーが移りました。その時期の日本は、土地生産性を上げる、速水融《あきら》氏の命名したインダストリアス・レボリューション（industrious revolution）勤勉革命がおこり、土地生産性ではどこにも負けないシステムを実現しました。

日本のモデルは中国です。明代中国の江南地域の土地生産性も高かったのですが、日本ではそれを上回りました。日本は中国で作れるほどのものは全部作りました。思想も、中国の四書五経を含む古典の教養が武士階級に共有され、さらに寺子屋を通じて庶民一般にまで入り、いわば中国の文物を受容し切ったのです。その結果、「脱中国」しました。中国から輸入する文物がなくなったという意味で江戸時代の日本は「脱中国」したというのです。

四大文明の一つ中国文明を、経済的にも、文化的にも、思想的にも乗り越えた江戸時代は中国に対する劣等感を克服した時代です。

一八五三年ペリー来航を契機として日本が自由主義的な世界経済に投げ出されたとき、中国はアヘン戦争の敗北で南京条約で同じ立場にたっており、朝鮮も日本によって強制的に開港させられ、それ以前に植民地になっていたアジア諸国もふくめて、アジア地域間での世界市場をめぐる競争が生じました。私のいう「アジア間競争」の時代です。日本にとって最大の競争相手は中国ですが、世界市場をめぐるアジア間競争において、日本が中国を凌駕しました。それを象徴する商品は生糸です。日本生糸の輸出高が中国のそれを上回ったのです。生糸はシルクロードの名を生んだほど古代以来、中国文明の誇る物産でしたが、そのシルク供給の国際的地位において日本が中国を抜きました。江戸時代に日本は生産革命を経験し、中国文明を経済的に抜いたのです。

生産革命を経験した点では、日本とヨーロッパとは共通していますが、経済中心の社会が出現したといっても、いくつもの重要な違いがあります。資本家階級の勃興がヨーロッパの特徴です。それとの対比に絞ってみます。ヨーロッパでは資本家が勃興し、十九世紀になると資本家が富を集中的に所有する有産階級となりました。やがて資本主義は社会主義思想で糾弾されました。

日本では産業革命に匹敵する勤勉革命を経験しました。しかし、江戸時代の日本の経済発展を支えたのは資本家ではありません。武士階級の任務は経世済民であり、藩の経済力を高めることです。藩経済を一つの企業と見立てればその経営者は武士です。いわば経営が武士の才覚を生かす分野でした。明治維新以降の関東では渋沢栄一、関西では五代友厚が日本資本主義の代表的担い手になりました。彼らは資本家ではありません。経営者です。私的な蓄財が目的ではないのです。会社自体は大きくするけれども、自らは清廉な生き方をしました。

江戸時代では藩の経済、明治以後は企業の規模、戦後は日本の経済規模を大きくすることが、それぞれの時代の経済主体の目的です。そうした目的を遂行する主体は資本家とは別の範疇です。その範疇とは経営者のそれです。今日では、所有と経営の分離は当たり前です。資本家が経営者を雇用し、資本を活用する。これが常態化するのは二十世紀です。しかし、例外がありました。経営が所有と分離していた原型（プロトタイプ）が日本にありました。

なぜ、日本では所有と経営が分離していたのか。それには武士階級のありかたを考えねばなりません。もともと鎌倉時代の勃興期の武士は土地と密着していました。すなわち「一所懸命」といわれるように、自己の所領に執着しました。在地領主といわれます。そのようなゴリゴリの土地所有者であった武士が、秀吉の兵農分離政策で土地から切り離され、江戸時代には城下町に集住させられました。武士が土地から切り離され、現代の官僚と企業経営者とを合わせたような仕事をすることになったのです。経世済民の統治とともに藩経営をする立場に立つのです。それは、資本家のような自分自身の自己の利潤追求ではなく、いわばパブリック・グッズとしての全体の富、コモンウエルスを上げていくという仕事です。

では、だれが土地を持っていたのか。ヨーロッパの土地私有権という考え方を日本に入れて、それを確定することをした明治六年の地租改正が行われました。地租改正で土地所有者を確定し、土地所有者から地租を徴収したのです。それで判明した土地の所有者は農民です。武士は土地を持っていなかった。いいかえると、江戸時代の武士は土地をもたない支配者であった。地主でない支配者は世界に例がありません。生産手段をもたないで、組織を任されている。これは何であったかというと経営者であったということです。日本では、江戸時代に、生産者と経営者が分離したのです。

●イギリスの「原始的蓄積」と江戸の「本来的蓄積」

ヨーロッパの場合は、イギリスが典型ですが、生産手段つまり土地を排他的に持つ資本家と、生産手段を奪われた人々に分離しました。「血の立法」といわれる非人道的な法律で農民から土地を奪い、土地から切り離した。土地を奪われた農民は工場労働者になった。この過程をマルクスはプリミティブ・アキュミュレーション（primitive accumulation）原始的蓄積といった。

シュムペーターは、『経済発展の理論』で経済発展の担い手は土地所有者でも、資本家でも、技術者でもないのであって、生産手段、資金、人々を活用する能力の所有者なのだ、と喝破しました。それを、彼は「企業者」と名づけました。『経済発展の理論』の出版は一九一二年ですから、それ以前は所有と経営分離について、西洋社会では自覚がなかったのです。アダム・スミスやマルクスにもその自覚はありません。企業者とは厳密には新結合という革新を遂行する存在ですが、ここでは、資本家と区別することを強調いたしたく、企業を経営する企業経営者という意味でも使います。

企業経営の仕事をしていたのが武士です。江戸時代の日本人は、もちろんシュムペーターの理論を知らなかったのですが、武士階級は、本質的に、資本家ではありません。企業者ないし企業経営者というべき存在です。藩というのは、そこに土地があり、資源があり、人材がいます。また、藩札として知られる信用貨幣を発行できる存在でもあります。そうした藩の生産手段、資金、人材を活用し、藩経済を発展させる。その経営者としての仕事を、シュムペーターの理論の発表される数百年前からやっていたのです。武士階級の中で経営資源が蓄積されていく歴史過程を、明治日本における資本主義的発展に先立ち、かつ「原始的蓄積」とは区別された、プライマリー・アキュミュレーション（primary accumulation）「本来的蓄積」として、私は捉えています。

ヨーロッパ、特にイギリスにおける「原始的蓄積（プリミティブ・アキュミュレーション）」に当たるのが、日本における「本来的蓄積（プライマリー・アキュミュレーション）」です。プリミティブという英語表現には、非人間的、非人道的な響きがあり、マルクスはそのような意味合いを、その用語にこめました。ここでプライマリーという語を用いたのは、それが初期の、原始的なという意味のほかに、第一の、本来の、もっとも重要なという意味があるからです。経営資源の蓄積こそ、資本主義的経済発展の条件だと考えます。この点は日本の発展の秘密にかかわる重要な点なので、最近少し詳しく『経済史入門』（日経文庫）で論じたほどです。

イギリスにおける「原始的蓄積」で有産の資本家と無産の労働者とが生み出されていたとき、日本における「本来的蓄積」で無産の経営者と有産の労働者とが生み出されていました。日本の「本来的蓄積」があったから、明治期の日本経済の発展が可能になった。日本がアジアで最初に実現した経済発展には、その前史に、江戸時代に蓄積された経営能力の全国レベルでの蓄積があったからだ、と考えます。「本来的蓄積」は、土地所有や土地領有とは別に、天から預かっている土地・資源をどう活用して、公的存在である藩全体を豊かにするかを考え、かつ実行する能力の蓄積過程です。これは所領の拡大とか、自己利益の増大とは違います。自分以外のものに関心がある。藩という限界はありますが、そこには公益を図るという意味合いがあります。

先ほど山田さんが「資本」原理と区別される「社会」原理についていわれましたが、「持続可能な経済発展」という言葉が生まれています。これは「社会」原理の発露といえるでしょう。一九九二年にリオ・デ・ジャネイロで開催された地球環境開発会議、いわゆる地球サミットで提起されたコンセプトです。地球的生態系の保全が、経済開発にも増して、問われています。二十一世紀の新しい課題は地球環境のマネージメントです。江戸時代の藩は他の藩に侵略しませんでした。言い換えるとフロンティアがなかったのです。限られた自然環境、資源が前提でした。その中でリデュース（質素倹約）、リサイクル（もったいない）、リユース（物を粗末にしない）という三原則が貫徹しました。それは今後の地球環境の保全に役立つでしょう。

経営能力こそこれからの時代の資質です。あたかもそれを準備するかのように、江戸時代の日本では「武士道」の名のもとに、経営能力の蓄積をしていたのです。私は近代世界システムの成立過程と、日本における経済社会の勃興とは相並ぶものだと思います。

●海を通じた再編成

第三のジオ・ポリティックスの再編成にかかわる論点にも触れたいと思います。現代は富が偏在しています。北米、東アジア、EUです。とはいっても、その三極の中では、多数の民族がひしめきあい、三極地域はそれぞれその南側に貧困地域をかかえています。両者の文化摩擦や経済格差をどう克服していくかはきわめて重要な課題です。

私は「海」に着目します。「ジオ・ポリティックス」の「ジオ」の方では「海」に着眼するのです。海の観点からすると、EUは大陸です。北米も大陸です。ヨーロッパの周囲にある貧困地域はアフリカですが、アフリカも大陸です。そのアフリカが急速にイスラム化している。

北米は国内でネオ・コンサーバティブ、ネオ・コンに反発する人、雑多ですが、貧困地域はラテン・アメリカであり、そこはカトリック系で、やはり南米も大陸です。

EUも北米も、みずからが大陸であるとともに、身近の貧困地域も大陸であり、土地が持つ特有の制約を受けています。土地には領土や所有権や排他性がつきまとうのです。その中で富の再配分をやらねばなりません。

ところが、日本は島国で、大陸は対岸にある。日本は、歴史的にも最初は東シナ海から朝鮮半島・中国の文物、一五四三年からはヨーロッパの文物が流入しました。主にアジア海域から文物を受容してきたのですが、一八五三年のペリーの来航を機に、太平洋からも文物が入ってくることになりました。日本の歴史は海と不可分です。また日本の周囲にある恵まれない地域は、北を見ても南を見ても島々であり、海洋世界です。この海洋世界にはキリスト教徒、道教の信者、儒教徒、イスラム教徒、それからオーストラリアのようなキリスト教圏がある。これら西太平洋の地域が共有しているのは海です。陸が排他的要素を色濃く持つのに対して、海は「人類の共有財産(common heritage of mankind)」的要素が色濃いのです。そうした人類の共有財産を日本を中心とする地域は持っています。北米やEUが大陸なのと比べて、共有しやすい要素を持っている。違う民族の集まりという点では、EUや北米に優りますが、共有できる海を媒介にして、共存しやすい。そのような共存のための条件を日本とその周辺地域は持っています。海の共有を、異なる原理に立つ社会同士の共存を達成する試金石と心得て、共存条件を探るのが西太平洋地域の課題です。

●分権化による日本の連邦国家構想

日本がアメリカにつくか、中国につくか、EUを目指すかというような議論があります。まず、日本が一枚岩の国民だと見られている誤解があります。自他ともにそう思い込んでいる節があります。けれども、現実の日本は自然が多様なように、社会も多様で、地方文化には個性があります。日本社会の多様性を制度的に表現することが課題ではないか。朱さんから中国連邦の話が出ました。日本もコモンウエルス（連邦）への日本改造が課題です。日本の中央集権制は明治維新を機に人為的に作り出されたものです。明治維新の前は分権体制です。

欧米列強にキャッチアップするために中央集権制にしたのですが、その目標は達成されました。もはや、中央集権制のままでいる必要はないのです。今後は日本を分権化し、連邦国家に変えていくべき時期に来ています。

分権の単位ですが、詳しくは論じませんが、「森の日本」、「平野の日本」、「山の日本」、「海の日本」の四つの地域単位からなる連合国家にするのがよい、というのが結論です。「森の日本」とは北海道・東北で経済力ではカナダなみ、「平野の日本」とは関東平野で経済力ではフランスなみ、「山の日本」

とは中部・北陸で経済力ではカナダなみ、それから「海の日本」は近畿以西の西日本で、経済力ではフランス並みの地域になります。フランスが二つ、カナダが二つぐらいの経済規模の四つの日本になる。日本全体の首都には外交や防衛や安全保障など国家主権にかかわる業務のみを委ねる。他は権限、財源、人材を地域に譲る。省名でいえば、国家主権にかかわるのは防衛庁、外務省、法務省です。他の国交省、文科省、厚生労働省、経済産業省、環境省、総務省、農水省などは国家主権に直接かかわりません。それらの権限とそれに応じた財源を渡すので財務省も地域に委ねる。そうすることによって地域の自立性はおのずから高まります。「一国四制度」です。日本の中に四つの違う税制をもつことが可能です。

日本の官僚制については、問題点は猪口さんが、多くの著書で語られているので、別の観点から一言します。中央官僚制というのは起源は中国の科挙の制度です。日本は中国から文物・制度を受容しましたが、科挙制については日本は入れなかったのです。十九世紀のヨーロッパ諸国が、中国の科挙の制を見て、それを英仏が採用しました。英仏の採用した官僚制度を、明治日本が受容したのです。ところが中国の方は、日清戦争に敗北して、留学生を日本に送り、近代化した日本を見て、科挙の制を廃止しました。現代中国も、共産党のコネによる支配であって、高等文官試験はありません。日本の中央官僚制度は導入当初は機能しましたが、いまは制度が大きくなりすぎて、機能不全に陥っています。行政機構を抜本的に改めるためにも、分権化が必要です。

また、国際的には、日本が中国を含めたアジア地域間競争、つづめて「アジア間競争」に備えていくためにも、フットワークを軽くする必要があります。二十一世紀は確実に日本がアジア諸国から追いかけられる時代になるので、日本の国の形を臨機応変に地域力を発揮できるように改変するべきで、一丸となって欧米を追いかけるときの中央集権システムとは違うシステムに変えなければなりません。

●人間的魅力・美・徳にもとづく日米関係を

その際、大国のアメリカ、中国、ＥＵに対して、どういうスタンスで臨むべきか。アメリカとの関係は極めて重要です。なぜかというと、そこに日系移民がいるからです。中国やＥＵには日系人がいるといっても、ほとんど無視しえます。アメリカには、いずれ日系の大統領が出る可能性があります。あるいは日系の国務長官だったり、それ以外の重要な閣僚になったりする可能性があります。そのときには、先ほどの猪口さんの話にあったように、アメリカは孤立化を深め、国力が傾いているかもしれない。

そうした新しい現実のもとで、日系人が仮にアメリカの指導者になったとする。そうなると、ペルーのフジモリさんのときでさえ日本人の協力は半端なものではなかった。協力せざるを得ないのです。中国において日系人が指導者になることはほとんどあり得ません。韓国においてもあり得ないと思います。日系人が中国や韓国の政治の中枢部に入っていくことはまずないと思います。それに対して、日本とアメリカとの関係は、文字どおり、血でつながっている。日本は太平洋共同体のような将来構想を持ちながら、太平洋をコモンヘリテージ（共有財産）として大きな島国アメリカと小さな島国が共存していく道を探るべきではないか。

近代世界システムを支えていたのは軍事力と経済力です。その意味で、近代文明はまさに「力の文明」です。力の文明においては海は制海権の対象でした。しかし、国連の海洋法は新しいコンセプト（共有財産）を出しています。それを活用して、経済力が生む富、軍事力が生む脅威とは違う、新しい力をつける必要があります。それは、人類社会のもとになっている「地球」といいますか。山田さんの言葉でいえば「大地」ですね。日本の場合は「海」といってもいいと思います。こうした大地や海の共有感を、価値化したものを力の源泉にすえることが重要です。これは仁義礼知信ともまた違うし、あるいは真理や正義ともまた違うものです。それらは人間にのみ関わる価値です。むしろ人間を越えたところにある「美」とか「崇高」といった方がいいと思います。美という価値は、計測できませんが、だれでも持っているもので、普遍的です。「美しい自然環境、美しい地球を大切にしよう」というのが地球環境問題を解決することになる。美しい環境をコモンへリテージとして将来に残していこうという運動です。五百年前の地球は一つの均衡状態であった。近代世界システムはそこに不均衡動学をもちこみ、均衡状態を主体的に変えて資本主義の波をつくりだした。それを発展の名のもとに良いことだとみなしてきました。今度もう一度、サステイナブル・デベロップメントという環境と開発の均衡状態に変えていくには、「力」に「美」を添えていくというか。美を力にしていくことが課題です。「力の文明」に対して、「美の文明」が、やはり重要になっていくのではないでしょうか。

「美の文明」に求められる文明力とは、経済力や軍事力が押しつけのパワーであるのに対して、いわば惹きつけのパワーです。引きつける魅力をつけていくこと。魅力の最大の源泉は人間でありえます。人間が徳を磨く、あるいは学問を身につけることが大事です。徳のあることは、世界中どなたにとっても重要な価値です。アフガニスタンでも、戦争が終わって、人々が復興するのに何がしたいかと。若い兵士が「学校に行って勉強したい」と言った。向学心は人間が皆持っている価値です。親たる者がひとしく願うのが、立派な人間に成長してくれることであり、そのために子供に学力をつけさせたいと願う。人間は学徳を磨いていくと、周りの人を引きつけます。そういう意味で、人間も生活も国土もアトラクティブパワーすなわち魅力をこれからつけていく。アトラクティブパワーの価値は何かというと、「美しさ」ではないかと思います。

コメント

●徳は孤ならず

猪口　どうもありがとうございました。日本の選択とワールドシステムと、二つの焦点があったと思います。

山田さんは社会主義、大地主義を強く主張、レッセ・フェールには非常にマイナスであるとする。レギュラシオンというのか、そういう下からある程度の契約というか、そういったものを何とかしてつくっていくことが基本にないとだめなのではないかという議論です。それから加藤さんは、これも

意味がわからないんですが現地主義みたいなものがあって、リベラル・プロジェクトのような十分には抽象的で普遍的なというよりは現地主義でいきたい。

それから朱さんは東洋的共同体ということで、徳は孤ならずという。具体的な経済とか政治の運営ではどんな感じになるかというのは、ちょっとわかりにくいんですが。香港とか台湾といったらわからないでもないけれども、競争が激しいときにある自己主張が激しくいがみ合う社会であることは確かなので。それがどういうふうにこれから展開していくのかというのはちょっとわかりにくい。それから川勝さんは、とりわけ日本的な本来的官僚文化というのはワールド・システム・デザインをするときに最もふさわしいやり方であると。土地だとかお金だとか、変なものを持っている人にはしっかりとした判断はできるはずがないというのです。その長所を生かしてやっていくそれが日本のデザイン力につながっているんだと。これをやろうじゃないかと。自己を強く主張するパワーである軍事力、経済力でワーワー何かごり押しするというのではなくて、こういうワールドをデザインする、ワールドをマネージしていく。そういったところをこそみんなに説いて、一緒にやろうじゃないかと。これまたごもっともで、私も大賛成なんですが。そういうわけで、ちょっとウォーラーステインから離れたんですが、日本の選択に焦点をあてた議論が一つ。

それからもう一つ、この二十一世紀の第一・四半世紀についてはそんなに違わないですね。パクス・アメリカーナがある程度の力といいますか、アトラクションを持って、主導権を持ってまだしばらく続くだろうと。「殿、御乱心か」というようなときもあるだろうけれども、何とか続くみたいらしい。そのときには朱さんは、そうあまりがたがたいわないで自らの修行に努めようと。川勝さんだったら、自分のできるところで美徳をもう少ししっかりと積んでいこうと。本来的蓄積をやろうと。そういう感じですね。

それから山田さんのは、やはり、自由勝手にやれとか、それから何か抽象的な概念、それもしかもアメリカ的な色彩が激しくついているのを、何かこれだというだけでついて行くというわけではないから、下の社会からの要望でやっていくしかないと。加藤さんのももちろん現地主義ということで、大地の子ですね。大地の子がこういうふうにしようといったらある程度そういうふうにやって、そのうち何か見つかってくるだろうという感じの、議論的としては非常に収斂してきました。

日本の選択としては、それは経済経営とか安全保障政策的にどんな発言をするのかというのは、ちょっといま一つわかりにくい。感じ、精神としては非常によくわかるんですが、いますぐには何ともわからないところがあるので。そこら辺を、手短に。中国的にだいたい漢字を八つぐらい使うと、だいたいわかるとかね。そういうことで、今度は逆の順序にしまして川勝さん。

川勝平太 Heita Kawakatsu

●平和とは火中に飛び込みつくっていくもの

川勝　今回のイラク戦争で、当初から、アメリカの狙いが、アルカイーダでも大量破壊兵器でもなく、フセイン大統領個人であるというのは多くの人にわかっていました。日本は国連決議があるなら攻撃してもよいという立場でしたね。国連が決議しても、攻撃賛成には変わりなかった。要するに日本は戦争を肯定していた。これは安易です。戦争前に、アメリカの標的がフセインであることは分かっていたのですから、日本としては、イラクも国連のメンバーなので、フセイン大統領のところに行って、名誉ある退陣ができると説得できなかったものか。アメリカの提案した亡命ではなしに、名誉退陣です。イラクは国際連合の名誉ある一員であり、ブッシュ大統領もパウエル国務長官も演説している。フセイン大統領も国連で「私や我が国民は国連の査察に全面的に協力している。にもかかわらず攻撃をするのか。私さえやめてすむことなら、イラク国民の命が救われるなら潔くやめよう。その代わりアメリカも手を引きなさい」と。そうするように説得に行く。それをフセイン氏が聞くかどうかは別にしてです。説得に行った後どうするのか。「首相官邸にかくまう。そこにやがて国際司法裁判なり国際機関での裁きが決まるまでいていただきたい」と説得する。

フセイン氏は国連にいっただけで英雄になります。まして「退陣する」と宣言すれば、イスラム世界のヒーローになります。そういう人物をアメリカは抹殺できない。米英やイラクの兵士もイラク市民も死ななくて済む。「身を捨ててこそ浮かぶ瀬もある」というか、「死中に活を求める」とか。やはりそういう誠意を示すことが大事であった。誠意のある友人関係づくりを中東に対して日本はできる。中立的な立場でできるのです。単にイスラムに味方するというのとは違います。アメリカもヨーロッパ諸国も、キリスト教圏ですから、イスラエルに肩入れすべき歴史的経緯があります。日本はそれとは違う。日本はヨーロッパともアメリカとも友達です。中東諸国とは友達とまではいかなくとも、少なくとも敵ではありません。

誠意をもって説くことができる。平和というのは何もしないこと、国際協調主義で、多数の他国がいうことだからというだけで日本も手を上げるということであってはなりません。それは付和雷同です。平和は勇気をもって「敵」を友人にすることであり、つくっていくものです。そういう平和創造の試みを、日本ではいま実行する指導者がいない。それは数百名の国会議員が小選挙区で、例えば石原都知事は千二百万人の人から投票される。ところが東京だけで小選挙区は二十以上ある。国会議員はほんのわずかの人たちを代表しているに過ぎない。ほとんどの国会議員がいま国政を担当する器量をなくしている。むしろ都道府県の首長四七人の方が固有名詞で知られる時代になっています。言ってみれば「四七人の志士」です。連県同盟をつくって、新しい日本をつくるべきときが来ている。隔靴掻痒といいますか、歯がゆく思っております。

今回のイラク戦争について、小泉さんは本当に薄情といいますか、どうせイラクが負けるだろうという。戦争では人が死ぬのですから、そういうようなことは、軽くいうべきことではない。平和というのは、座して何もしないことではなくて、火中に飛び込んでつくっていく。そういう実践的な行為を伴う。このように思っております。

今回のことについては、実は私はこれをいま後知恵でいっているのではありません。戦争が始まる前に外務省の元大使とか要人の集まるところに行って進言してまわったのです、川口順子外相にだけは直接いう機会はなかったんですけれども、こういうふうにすれば戦争をしなくても済むと説いて回ったんです。しかし完全に無視されました。戦闘終結宣言の後の経緯を見ていきますと、余燼がおさまらず、新たな火種になりかねず、これを予想できずに対米追従をしている日本の国の形を憂いています。いま日本を担っている、意思決定をする人たちに対して失望するところが多く、政治システムを変えなければならないと思います。

猪口　レジーム・チェンジをやらないと。はい、わかりました。朱さん、いかがですか。

●日本はアジアと欧米の架け橋になれるか

朱　二点のコメントをしたいと思います。今回のイラク戦争への対応において、ある意味では日本と中国は共通した行動をとったと見ることができます。この両国とも、イラク問題を武力で解決する趨勢を自分が左右できない以上、もっと国益を見据えて現実的な対応をしようと決めた。それぞれの対応に違いはもちろんありますが、世界の大きな流れには逆らえないという共通点があったと申したいと思います。

重要なのは、イラクの戦後への対応ですね。イラク戦争の影響はたぶんその国の復興および中東での利権争いに留まらず、もっと広い、深遠な影響があるでしょう。今回の戦争及びアメリカの軍事行動に対する決定方式が世界システムにどのような影響を及ぼしていくのか。そして特に東アジアにどう跳ね返ってくるのか。北朝鮮問題への影響はすでに出てきています。アメリカは北朝鮮との駆け引きをもはやもどかしく思い、圧倒的な力で相手の無条件降伏を求めようとしているようにも見られます。それに関する検討をいまから早急に行ない、日本と中国は何が自分の国益に最も合致し、北朝鮮とアメリカの双方にどのように対処すれば、北朝鮮の核放棄を促すとともに、アメリカの軍事力盲信を踏みとどまらせることができるか、を考えるべきですね。北朝鮮の核廃絶とアメリカによる戦争の威嚇阻止、この二点について日本と中国、それから韓国も共通した認識をもっていると思います。日本は今、拉致問題だけが議論の的になっている感じがしますが、拉致問題の解決をほかの諸問題に対する取り組みの中で同時に求めてゆき、そして問題が起きてから追われて対応するのではなく、顔の見える平和貢献を行なっていくべきではないかと思います。

もう一点ですが、将来的に日本はアメリカとの関係をどうするかを議論する必要もあるでしょう。今後も長期にわたって日米を軸にするという考えが日本社会で主流を占めるといって間違いではないですね。それは日本の国益に基づいた選択肢であれば、日米間の切っても切れない太いパイプを考えれば、また中国の台頭に不安感が湧いてきて、それにバランスをとらせる考慮があるとすれば、無理に早期の変更を考えなくていいのです。ただそれと同時に、日米関係を基軸にしながらも、日本は自分がアジアの国であり、地域の安定と発展に責任と義務があり、それには対米一辺倒では到底対応しきれないことを理解し、もう少し、アジア、世界に対して顔の見える外交を行ない、日本自身の国家ビジョンを世界に示していってもいいのではないかと思います。

自分は日本外交にはその特色を出す努力の余地は多くあると考えます。日本はまず経済大国であり、今もアジア全体（これはトルコまで含めたアジア）のGDPの半分以上を占めています。世界平和への経済面の貢献を通じて日本の平和外交をPRすることができます。それと同時に、東アジア地域の経済圏ないし安全保障分野の枠組み作りにもっと積極的に動くことができるのではないかと思います。それらの動きはすべてアメリカを除外する必要がなく、アメリカを巻き込めばいいのです。さらにマクロ的に見て、日本はアジアと欧米との架け橋になることもできます。日本はアジアで唯一の、百年以上にわたって欧米諸国と比較的に対等のつき合いをし、欧米に対する理解はほかのアジア諸国以上のものをもっている国であります。他方、日本は本当の先進国の中で唯一のアジアの国です。このようなユニークな立場を生かして、日米同盟を基軸にしながらも、欧米に対してアジア（特に東アジア）の実情、思考様式を弁護・説明し、同時にアジア社会に対して欧米の真価を伝え、その妥協と歩み寄りを促進することができるでしょう。そういう独自なスタンスの確立は今後の世界への日本の貢献であるとともに、このような顔の見える日本外交があって、国連安保理の常任理事国として世界から快く迎え入れられるでしょう。

猪口　どうもありがとうございました。加藤さん。

●日本と中東

加藤　イラク問題が出ましたので、この戦争の当事者、イラクを初めとしたアラブ世界、そしてもう一方の当事者、唯一の超大国アメリカの双方に対して、われわれはどう対処すべきかについて、それぞれ簡単にコメントをしてみたいと思います。

川勝さんはアメリカに対して日本はイニシアティブをとって何かやらなければいけないといわれました。まったくその通りだと思います。しかし、日本がイニシアティブをとって働きかける必要性は、アメリカに対してだけではなく、中東に対しても同じくあるのではないでしょうか。もっとも、このことは中東に限らず、「南」の世界一般に対していえることでしょうが。

このことに関連して、最近の若い人はなかなか気の利いたことをいうものだと感心したのですが、先日のイラク問題に関する公開シンポジウムで、若いパネリストの一人が、日本の首相はアメリカの国務長官がやったように、カタールのジャジーラ放送に出演して、中東の人びとに直接話し掛けるべきだというのですね。もし、アメリカとの関係で、戦争支持を打ち出さざるを得ないというのならば、それはそれでしかたがない。しかし、そのことを、一方の当事者アメリカだけではなく、もう一方の当事者である中東とかイスラム世界にも説明すべきである。それが日本の国益にも沿うことなのだからというわけです。

これまで、中東における対日感情は大変に良かった。日本は中東に侵略した歴史をもちませんし、これまでのところ、中東との間に、石油を除けば、深刻な対立を生み出すような利害関係がなかったからです。実際、パレスチナ紛争における、日本のこれまでのパレスチナ寄りの外交スタンスは、たとえその動機が石油の安定確保にあったとしても、中東において高く評価されてきました。また、中東の一般民衆の間には、一九〇四年の日露戦争以来、アンチ西洋のヒーローとしての日本像が定着しています。そして、この像は、第二次世界大戦後における日本の経済復興と経済力の高まりのなかで、アメリカとの経済戦争の勝利者という形でのアンチ米国のヒーロー像と重なりあっています。

しかし、イラク戦争後、対日感情は厳しくなるでしょう。日本はイラク戦争で、はっきりとアメリカ支持を表明したのですから。エジプト人の友人の一人は、イラク戦争がはじまった直後、半ばやけになって、「この戦争は起きてよかった。各国の本音を知ることができたので」とつぶやきました。また、先日のエジプトでの調査時に、何度となく一般庶民から「なんで日本はアメリカを支持したのか」との詰問を受けました。おそらく、今後は、日本も中東問題にええカッコしいではなく、本音でつき合わねばならなくなるような気がします。

加藤博 Hiroshi Kato

それはともかく、先に私の報告のなかでも少し触れましたが、今日のアラブ世界では、小さな農村にまでジャジーラ放送など、アラビア語の衛星テレビが入り込んでいます。ですから、その気になりさえすれば、直接に首相がというのは無理としても、日本の政策担当者がアラブの一般民衆に話しかけるメディアのネットワークはすでに存在しています。そこで、戦争に反対するか賛成するか以前の問題として、日本の立場を直接アラブ世界に訴える手段として、こうしたメディアのネットワークを最大限活用することを考えてもよいのではないかと思います。

●アメリカ文明の栄枯盛衰のサイクル

次いで、アメリカにどう対応すべきかということです。

アメリカの圧倒的な軍事力を背景にした、アメリカの一極支配は当分続くことは間違いないでしょう。そこで、われわれはいやでもおうでも、アメリカとどうつき合うかを考えざるを得ないのですが、怪物のようなアメリカとどこでどう付きあったらよいのか。

この点に関して、川勝さんあたりに訊きたいのですが、一つの巨大な文明があるとして、その文明の栄華のサイクルは、領域ごとに異なっているのではないかと思うのです。たとえば、文明の栄枯盛衰において、政治的、軍事的な強弱のサイクルと経済的、文化的な強弱のサイクルは必ずしも一致していない。領域ごとの栄枯盛衰のサイクルに、タイムラグがあってしかるべきで、極端な場合には、軍事力が衰えたときに、経済的あるいは文化的な頂点を迎えたり、その逆であったりするのではないでしょうか。

そこで、アメリカ文明なるものがあるとして、大別して三つの領域が想定されます。第一は、軍事力を背景にした政治の領域です。第二は、ドルが基軸通貨である経済の領域です。そして第三は、ジーンズやマクドナルドに象徴される文化あるいは生活様式の領域です。われわれがアメリカと今後どういうつき合いをするか、あるいはつき合わざるを得ないかは、われわれが中長期的なスパンで、アメリカ主導の世界政治経済システムの将来をどう評価するかと深く関係していると思います。

つまり、政治、経済、文化の三つの領域において、パクス・アメリカーナはいつまで続くのかということです。具体的には、政治では、アメリカの一極支配的ヘゲモニーはいつまで続くのだろうかということです。イラク戦争で「蹂躙」された中東を研究する者の立場からすると、宇宙工学の技術を駆使したハイテク兵器の威力をこれでもかこれでもかと見せつけられると、軍事力を背景としたアメリカの政治支配力がそう簡単に崩れそうもないように思えます。

経済では、ドルはいつまで国際経済における基軸通貨であり得るのかということです。一時期、声高になされた、アメリカ経済が景気変動と無関係であるとの主張が正しくないことは、今や誰の目にもあきらかです。また、世界各地で「テロ」対策をこれからも続けるならば、そのためのアメリカ財政の負担はますますふえるでしょうし、現在の輸入超過の輸出入構造が今後急に変化するとは考えられません。そうすると、財政と国際収支の双子の赤字を抱えるアメリカから、いつ資本が逃げ出しても不思議ではありません。

それから文化では、あのようなエネルギー資源を無尽蔵に消費する生活様式はいつまでもつのかということです。アメリカの生活様式は、中東においても、そしてとりわけ若者の間で人気があります。しかし、世界の全エネルギー消費量のおよそ四分の一をジャブジャブと使い、環境問題に後向きな姿勢を示すアメリカを考えるならば、環境論者ならずとも、アメリカの生活様式が世界に広まったならば、地球はアメリカ文明とともに破滅してしまうのでは、と空恐ろしくなります。

ともかく、われわれは今後、アメリカとつき合うとき、この三つの要素の栄枯盛衰のサイクルを見極めなければならないと思います。闇雲に反対して叩かれてもつまらないし、かといって、アメリカの運命とともに心中するつもりは毛頭ないからです。そして、政治・軍事、経済、文化の三つを考えるとき、短中期的にみて、アメリカ文明のアキレス腱は経済のように思われます。そこで、それを喜んでいるか苦々しく思っているかはともかく、政治・軍事と文化での盛隆を横目でみながら、アメリカの経済動向を基本的な判断材料として、しばらくはアメリカとつき合っていくしかないのだろうという気がします。

猪口　山田さん。

●「脱米入亜親欧」の日本へ

山田　いま加藤さんが「アメリカの一番弱いところは経済だ」とおっしゃった。その通りだと思うんですが、その「弱さ」の綾というか、起伏というか、とにかく直線的ではないところを見ておいた方がよいと思うんですね。表面的には、やはり一九九〇年代からそれなりに強くなってしまった。「ニュー・エコノミー」とか、金融主導型経済とか、グローバリズムとか、とにかく経済でもアメリカさまさまになっている。もちろん、二十一世紀に入った途端バブルが崩壊して一九九〇年代の勢いはないし、とんでもない貿易赤字は続きっぱなしですが、それでも世界の経済や景気をリードしている。そこには何があるのだろうかということです。

　で、結局、私は最近のアメリカのことを「即応型資本主義」という概念で捉えたらいいのかな、と思っています。どういうことかというと、一九五〇、六〇年代は第一のパクス・アメリカーナの時代でしたが、そこでは冷戦とブレトン・ウッズで世界秩序はいわば安定していた。東西棲分け、自由貿易、固定相場に守られて、いわば安定し将来見通しのきく国際秩序ができていた。そういう秩序のもとでは、各国経済のパフォーマンスの良し悪しは、いかに高い生産性（効率）をあげるか、それからいかに公平な分配（公正）をやるか、そしてこの効率と公正をどう両立させるかにかかっていた。これをきちんと両立できるのがいい経済社会だったわけです。ヨーロッパは概して公正にすぐれ、日本は効率にすぐれ、そしてアメリカは先頭をきってはいたが、六〇年代末には効率も公正も見劣りし始めていた。

山田鋭夫 Toshio Yamada

ところが一九七〇年代以降、ニクソン・ショック、オイル・ショック、スタグフレーション、そして国際競争の激化によって、世界が非常に不安定になってきた。いわゆる「不確実性の時代」になった。日本はこの時代、輸出産業を中心に効率を高めるという形で乗り切ろうとしたが、ご存知のとおり、最後はバブルとその崩壊に行きついてしまい、とんでもない痛手をこうむった。ヨーロッパは福祉国家による公正の維持がむずかしくなってきたが、EUの結成（やがて共通通貨ユーロの創設）に見られるように、市場を囲い込む形で乗り切ろうとした。アメリカは当初、保護主義的な通商政策で対応しようとしたが、次第に新自由主義というか、金融をはじめとした規制緩和の路線をとるようになった。

ということの奥で、アメリカ経済に何が起こっていたかというと、それは「即応型資本主義」への転換ということです。つまり、この競争激化と不確実性の時代、経済のパフォーマンスを決める基準はもはや効率や公正にはない。それ以外にもっと決定的に重要なのは、経済変動に即応できるシステム、短期のフレキシビリティをもったシステム、要するに即応性なんですね。アメリカはそれに気づいた。というより、もともとアメリカ経済は日欧とくらべればあまり制度化されておらず、市場中心で市場的即応力があったわけですが、一九八〇年代のレーガン改革で規制緩和が進み、ますます市場的即応性を高めた。

「即応性」ってどういうことかというと、不確実な経済変動にすぐに対応できるシステムのことです。物価、株価、販売実績、需要予測、為替相場など、経済の諸指標は不断に変動しています。それに応じて企業では雇用、資材調達、資金調達などを不断に変化させねばならないし、国民経済レベルでもいろいろ対応しなければならない。その即応力がどれだけあるか、それがパフォーマンスの決め手になってきた。雇用の即応力とは、はっきりいって、直ちにクビを切る能力とか、賃金カットできる能力のことです。資金の即応力とは、各種の金融自由化と関連するでしょう。労働や資本など、生産諸要素が流動化すればするほど、即応性は高まります。ヨーロッパでは労働組合の圧力によって、日本では終身雇用慣行や信頼関係の存在によって、簡単には労働の流動化ができないのに対して、アメリカではそれが容易にできる。

もうひとつ、産業構造の問題としていえば、工業をやめて金融に特化すれば、これはきわめて即応性があります。工業では固定資本投資や熟練形成など、長期の将来にわたる見通しがないとやっていけません。おまけに工業は為替変動に非常に弱いですね。それに対して金融は、むしろ短期というか、瞬時の情報勝負というか、そういう世界でしょうし、そもそも不確実性や為替変動そのものをメシのタネにすることができますからね。情報産業の発達も即応性と不可分でしょう。要するに、労働の流動化、資本の流動化、産業構造の流動化……これが即応型資本主義です。

もうお分かりかと思いますが、これが一九九〇年代以来のアメリカです。そして時代も、効率・公正の時代から即応性の時代へと転回した。即応性のある資本主義が強い資本主義となった。だから日欧の資本主義も即応型へと傾き、ある程度なびかざるを得なくなってきた。だがしかし、「強い」資本主義が「よい」資本主義とは限らない。事実、アメリカではWinner takes allといいますか、貧富格差の大きな不平等社会が出来あがってしまった。これを「よい」資本主義といってよいものか。グレシャムの法則ではないですけれども、悪いものが結構強い。そういうことだってありうる。現代はそういう時代なんでしょうかね。というか、最初の問題、つまり今のアメリカ経済をどう見るかの問題なのですが、「弱い」アメリカと「強い」アメリカとの綾というか、複雑な入り組み方を確認しておいた方がいいのではないでしょうか。

ウォーラーステインにひっかけますと、彼は「ブローデルの資本主義」について面白いことをいっています（ウォーラーステイン他『入門・ブローデル』藤原書店、二〇〇三年）。ブローデルは、物質生活・経済生活・資本主義といった三階建てで社会や歴史を捉えますが、ここで経済生活というのは「市場」（いわゆる日常的な市場）であるのに対して、資本主義はむしろ「反‐市場」だとされます。その「反‐市場」たる資本主義は、投機的、非慣習的、密林的、独占的といった言葉で特徴づけられています。その意味では、効率型とか、ましてや公正型とかでなく、まさに即応型資本主義こそがブローデル的な意味で最も資本主義らしい資本主義なのかもしれません。即応型は資本主義のいわば究極の姿かもしれません。ただしそのブローデルは、「独占」（つまり資本主義）の一方的支配としてでなく、「独占」（つまり資本主義）の諸力と「解放」（これはブローデル的意味での市場でしょうか）の諸力の絶えざる緊張という形で歴史を見ているようで、さきほど私がいった「資本」原理と「社会」原理の対抗ということと関連していて、励まされるところです。

それで日本の問題、日本の選択ということですが……。日本は、アメリカをまねしようといってもまねできないし、まねすべきでもない。即応型であれ金融主導型であれ、それはまさにアメリカが基軸通貨国であり、また特殊に移民の国として市場的合意によって社会形成してきたがゆえに可能なシステムです。加えて、強大な政治力、外交力、そして軍事力も背景にしながらできあがったシステムです。では日本はどうすべきかといったら、やはり「モノつくり」を基本としながら、その新しいあり方を模索していくしかないでしょうね。

そのモノつくりは、しかしもはや日本一国の視点では通用しません。少なくともアジアへの視点をもたないとダメです。川勝さんがよくおっしゃっていることですが、かつてイギリスは、イスラム的アジアからの自立をめざして産業革命を起こした。日本は中国的アジアからの自立をめざして鎖国をした、と。明治期、日本は「脱亜入欧」を掲げて西洋文物の吸収に励むとともに、以後、アジアを侵略の対象にしてきた。第二次大戦後は「入欧」から「入米」になったのでしょうが、他方、戦後も長らく「脱亜」に変わりがなかった状態でしたね。

しかし、日本がモノつくりを基本とした経済社会をつくっていくためにも「入亜」は欠かせない。産業空洞化だ何だと中国脅威論を振り回すまえに、やはりモノつくりをアジアをベースに考えていかねばどうしようもない時代に到達したのだと思います。その「モノつくりアジア」は決してそれに終わることなく、アジア共通通貨圏といった課題をさらに現実のものとすることでしょう。しかし、そのアジア通貨圏ひとつをとってみても、いまはアメリカの反対ひとつでつぶされてしまう。日本がアメリカの「核の傘」のもとにいるかぎり、「ドルの傘」からも自立できない。安保問題が日本をしばっている。そういう構造になっています。何もアメリカに敵対するということでは全然ないのですが、日本はもう少し自由にアジアとの関係を築いてゆくことはできないのでしょうかね。「親米」でいいのですが、いまの「従米」的状況を眼前にするとあえて「脱米」といいたい。「脱・従米」という意味です。

それともう一つ、ヨーロッパからはやはり民主主義や社会制度を学ぶべきだと思います。近代資本主義の生誕の地として、ヨーロッパは古くから資本を育成する知恵だけでなく、資本の暴走を抑える知恵をも積み重ねてきました。とくに大陸ヨーロッパの資本主義は、社会民主型（北欧）であれ、国家主導型（ラテン欧州）であれ、あるいは両者の中間型（ドイツ）であれ、「資本」の原理に対する「社会」の原理というか、社会的な調整というか、そういうものをゆたかに発達させてきました。大戦後、日本はいつの間にか「入欧」から「入米」になりましたが、今あらためて「入欧」などといわなくても、そういうヨーロッパに対して「親欧」であってしかるべきでしょう。

中国について朱さんが、将来成長していけば民主主義もある程度定着していくだろうとおっしゃいました。一理としてそのとおりで、たしかに民主主義について百の説教をするより、成長や商品経済化によって健全な中産階級を育てた方が早いという側面はあるかもしれません。と同時に、しかし、単なる経済成長が自動的に民主主義をもたらすわけではないということも事実です。それどころか、民主主義がないがゆえに成長してしまうということもある。戦後日本など、ある意味ではそういう「近代（民主主義）がないがゆえの超近代的発展（超高度成長）」といった面があったと思うんです（内田義彦『作品としての社会科学』岩波書店、一九八一年）。そのとき、仮に成長を犠牲にしてでも、やはり民主主義を民主主義としてきちんと育てるということが大切だと思うのです。これは何よりも、日本自身の問題として、日本の近代化や高度成長への反省として、そう思うのです。そして、その民主主義や市民社会の面では、やはりヨーロッパをおいて右に出る教師はいない。そういう意味でも「親欧」。以上まとめると、変な言葉ですが「脱米入亜親欧」……。

●二〇五〇年、中国は世界経済の一五%シェア国に

朱　猪口さんは冒頭のプレゼンテーションで、今の世界における中国の存在はまだ小さいとおっしゃいました。ここでは山田さんは、中国の成長の先に自動的に民主主義に行くことを考えるより、きちんと一から学べと指摘されました。それぞれ啓発的な示唆を与えている面がありますが、別の角度からの問題提起もしたいと思います。

まず中国の「大きさ」すなわち、世界システムへの影響力について検討してみたいと思います。中国は現時点では経済力で見れば、まだ世界の三%しかありません。先ほど猪口さんは、中国を大きく見せるのはだいたい反中国の人だとおっしゃったが、中国脅威論を煽り立てる意図がある人についていえば、その通りでしょう。ただ、私は反中国ではないのですが、やはり中国の未来像についてもう少し大きく見る必要があると、感じています。

自分は前半の発表で、中国は一八〇〇年頃は世界経済の三割を占め、日清戦争当時でも国力は日本の十倍あったことに触れました。このような世界の三割を経験した国は仮にその後、落ちこぼれた時期があっても、世界に貢献する大国としての視野、理念、胸襟はもっているといいたいのです。これまでの百年は下り坂をたどる一方の歳月で、国の空中分解を防ぐことで精一杯でした。その間に心理面でも被害妄想に取り付かれ、対外不信に由来した孤立主義に閉じこもってきました。しかしそれは歴史的な蓄積がすべてなくなったことを意味しません。

毛沢東の時代の中国は、いまから考えればその経済力は現在の五分の一ぐらいしかなかったが、世

界で大きく見えました。それは伝統に由来する外交力に負うところが大きいといえるでしょう。この二十年余りの高成長と内部改革のプロセスに、また香港返還に「一国二制度」構想を適用したことにも、その伝統的な知恵が生かされているといえます。そして、経済規模の五倍増を実現し、国連安保理の常任理事国としての役目をこなし、WTOへの加盟を果たした中で、伝統に即した世界に対する自信と視野も徐々によみがえってきているといっていいのではないか。

鄧小平時代に経済建設に没頭するために、外交面では「韜晦」戦術を取り、アメリカなどとの正面衝突の回避に最重点を置いてきました。「死んだふりをしている」わけですね。今後も全面的にアメリカに挑戦するような真似はしないと思います。ただ、それは中国が世界の未来、アジアの未来について自らの構想をもっていないことにはなりません。本当の大国はさらにその構想を実現するように関係諸国をまとめていく行動能力ももっています。つい数年前まで経済のライバルだった東南アジアを中国のFTAのパートナーとして説得したことに、そのような外交能力の一端を垣間見ることができます。中国人から見れば、この百年の落ちこぼれこそ、その歴史における「例外」であるのかもしれません。したがって、仮に経済力はまだ世界の三%であるいま

朱建栄 Ken'ei Shu

と近い将来でも、中国の存在を過小評価しないほうがいいと思います。

次は経済規模そのものの評価をしてみたい。中国はいま、二〇二〇年までのさらなる経済規模四倍増の発展計画を発表しました。二〇一〇年まで中国が平均年率七・二％以上の成長を維持することに外部世界はほとんど異議を挟んでいません。問題はその次の十年ですね。中国は今、西部大開発に力を入れていますが、それは二〇一〇年代に入ってから、西部地域が中国経済を引っ張る新しい機関車になるための準備です。ほかにも十年後の高成長を維持するための先手を次々と打っています。環境対策、都市化の推進などがそれです。今の成り行きで見れば、よほどの予想外のことがない限り、実態の経済規模が二〇二〇年までに四倍増する可能性は高いと思います。

次には為替レートについて考えます。今も人民元は安すぎるとして日本は人民元の切り上げを中国に求めています。二〇〇六年に中国がＷＴＯ加盟時に約束した関税の引き下げ、市場開放は完全に実施されることになっているので、市場開放は果たして国内経済にどれほど大きな打撃になるか、それを見極めるまで、中国は大幅な通貨切り上げに応じないでしょう。ただＷＴＯ加盟後のこの二年間の状況から見て、中国経済と民族産業がそれによって決定的なダメージを受けることはなさそうです。また、物価水準などを参考にしたＰＰＰ（購買力平価）の計算方式で測れば、中国経済の規模はドルベースでは今、かなり過小評価され、実際はすでに日本のＧＤＰに迫っている、との計算結果が出ています。それは二〇〇六年以降、中国が通貨の切り上げに応じる可能性が大きいことを意味します。進んで人民元高を選ぶというより、一九八六年のプラザ合意と同じように、世界が中国に通貨の切り上げを迫るでしょう。今も中国の中では通貨の切り上げに備えていろいろと準備を始めていると聞いており、あと三、四年したら、中国が人民元高に踏み切る可能性が強いと見られます。

その結果、中国はもし数年かけて通貨の価値を五割切り上げるとすれば、ドル換算で算出される中国のＧＤＰも五割増しと一気に膨らむことになります。実際は人民元が二倍ぐらいに切り上げられる可能性も十年単位で見ればありうる話です。日本円は一九八六年以後、二倍以上に切り上げられましたね。世界に占める日本経済の規模が急速に膨らんだとされたのも、円高によるドル表示がいっぺんに大きくなった側面があります。この種の数字のマジックは今後、中国で発生するでしょう。そうすると実質的な経済規模（人民元計算）で二〇二〇年までは四倍増であっても、ドルベースでは六倍増になる可能性があります。中国経済はさらに二〇五〇年に向けて成長を持続していけば、その時点で、ドルベースでは今の十倍から十五倍になる計算になります。ほかのあらゆる主要国家はそのような驚異的な経済爆発は期待できないので、二〇五〇年の時点で、中国経済の世界シェアは一〇％から一五％になる可能性は十分にあるわけですね。

このようなシナリオは今はまだ「取らぬ狸の皮算用」ですが、アジアおよび世界の未来像を考える上で、考慮する必要は絶対あるでしょう。中国は二〇一五年から二〇二〇年ごろまでに国政レベルの複数政党制と総選挙を実現する可能性もあるので、経済規模で世界に無視できない影響力を及ぼすとともに、政治面や軍事面、地域協力枠組みなどあらゆる面においてもリーダー格の発言力を持ってくるのではないかと思います。

●東洋スタイルの民主化もあるのではないか

ところで、山田さんが提起した民主主義が定着するプロセスのことですが、それが自然に到来するものか、それともきちんと学ぶ必要があるものか。それは二者択一の関係ではないと思います。学ぶことも重要で、それをしなければ回り道をたどったり、横道にそれたりする恐れがあります。中国がもっと謙虚に外部世界に学んでいくべきだというのは私の持論であり、中国国内に向けていつもいっています。ただ自分がここでいいたいのは、民主主義の発展にそれ自身の「法則」があり、まず堅実な基礎があって初めて本当に確立されるもの、という点です。

そして欧米の経験を学び、参考にする必要はもちろんありますが、東洋諸国は東洋自体の文化、社会スタイルがあって、欧米の経験を絶対視し、鵜呑みにすることができない側面もあると考えます。

中国ではいま、民衆が国政を決定するという民主主義が要らないという人は一人もいないでしょう。経済発展が進めば進むほど、民主化に対する認識も改められ、肯定されていきます。ただ同時に、中国は性急に民主化をやるべきではなく、手順を踏んで一歩一歩上り詰めていくべきだという考えも今の中国ではコンセンサスを得ています。その認識にいたったのは二枚の鏡があったからだと多くの中国人は受け止めています。

私自身の体験からいうと、一九八〇年代後半の旧ソ連でゴルバチョフが起こした「ペレストロイカ」運動を、自分を含め、中国の大半の若者は熱狂的に支持していました。ゴルバチョフが呼びかけたように、民主化をすればすべての問題が解決されるとの期待をもっていました。その後、旧ソ連の崩壊に伴って、一応民主化はなされました。しかし国民生活も経済システムも、大幅に後退しています。国民生活が一部特権階級を除いて大幅に低下し、経済は一部の独占資本やマフィアに牛耳られています。かつて一九六二年に、旧ソ連にあこがれた中国人五万人が新疆からソ連に逃げていきましたが、今の中国では誰もロシアに逃げて行こうとは思いません。もっとも商売のチャンスを求めてロシアに多くの中国人はいっていますが。ロシアの現状を目の当たりにして、中国人は、民主化はいいが、その前に市場メカニズムの確立、法治社会の実現が優先されるべきだと思い直すようになりました。

旧ソ連の崩壊と並んで、もう一枚の鏡は、インドです。わずか二〇年前、中国とインドの一人当たりの国民所得はほぼ同じ水準の二百ドルだったんです。けれども現在インドは三百ドルちょっとですが、中国は一千ドル近く、すなわち三倍の差がついたわけです。インドは世界最大の民主主義国家と自称していますが、中国では誰もあこがれようとしない。生活水準のほうは中国がはるかに上であるだけでなく、民主主義であってもインドはカースト制度、という旧来の不平等を依然として解決していないからです。中国では少なくともすべての人間の平等、男女の平等を実現しています。インドの教訓から、中国は、まず経済が発展し、全国民が安定的で比較的に豊かな生活を送ることを実現して真の民主主義が定着すると理解したのです。

そこで中国はいま、民主主義の定着前の準備に着手しています。市場メカニズムの確立、それは二〇一〇年あたりで実現する見通しです。法治の実現、それはもう少し時間がかかりそうです。もともと「人治」の国家といわれる中国ですから、法治の徹底を推進していますが、日米欧の先進国レベルの法治に到達するには最低あと十年から一五年かかるでしょう。

そして中国では、民主主義の確立にはある「逆戻り不能」の通過点があると考えられています。日本や韓国、台湾の経験から見ると、それは中産階級が社会の主流を占める、という指標になります。貧しい人口が多すぎると、社会的に不安定化し、革命が起こりやすくなります。貧富の格差が大きすぎると、社会的な矛盾と対立は調和できなくなり、やはり不安定に陥ります。ラテンアメリカ諸国はその典型的な例である。民主化はしていますが、社会の動乱、経済危機は時々起こります。インドネシアの例で見ても、スハルト政権を倒して一応民主化はなされましたが、社会の不安定、宗教紛争はむしろ激化しています。

しかし中産階級が社会の主流を占めると状況は変わります。インドではこの線をクリアできていないので、混乱と不平等は依然続きますが、日本と韓国、台湾ではその民主主義制度にそれぞれ長と短があるものの、もはや後退することはありません。軍事独裁政権の再現は誰も予想していません。だがわずか一九八〇年代前半まで、韓国と台湾の両方とも「開発独裁」の体制でした。民主主義体制を導入した時間はそう長くないが、逆戻りがないのはそれぞれ、高成長を遂げた結果、中産階級が急速に拡大したためです。

もちろん、中産階級といっても厳格な評価基準はなく、判断するのにあいまいさが残りますが、広い意味でいえば、実際にそのような生活水準に達していなくても「自分は中流だ」という意識を持つこと、すなわち「中流意識」の育成も民主化にとって強靭な土台になります。

そこで中国も、二〇二〇年までの発展目標の中に、ただ経済規模の四倍増という指標を設けただけではなく、中産階級を大幅に拡大する目標も立てたのです。いまは人口の一五―二〇％といわれる中国の中産階級はその時点で全人口の五割前後まで引き上げる、というものです。その実現を目指して、中国は今、貧困地域と貧困人口の解消に力をいれ、大金持ちに対する徴税の強化も進められ、社会の平等を目標に掲げています。その数字で行けば、中国の民主化も二〇二〇年ごろまでに、実現される可能性が強くなってきます。中産階級の行動様式は全世界で例外がありません。革命は嫌いだが、独裁も嫌いで、法律による保障を求め、そして政治参加を普遍的に要求します。中国でも中産階級が主流を占めれば、共産党が二つに割れても、猛烈な選挙運動を行なっても、社会が動乱に陥り、内戦が起こる恐れはほとんどなくなるでしょう。

私は中国で民主主義が確立されることを楽観視しています。平等と公平を望む新世代がますます拡大すること、内外の情報格差が一段と縮まること、地域格差がかなり是正されること、こういう条件が満たされていけば、民主化は中国で確実に進展すると思います。そして手順として、経済発展を持続させながら、まず市場メカニズムと法治の確立をし、それと並行しながら、各地方で直接選挙などの実験を行ない（すでに始まっています）、その上で、全国レベルの民主化を実現すること。さらにその先に、欧米に学んで個人の自由を拡大していく。

中国は民主主義と連邦主義にどのように軟着陸していくか。冒頭に猪口さんがおっしゃったように、ヨーロッパのローマ方式と、アメリカの古代ギリシャ方式の選択で考えれば、中国はヨーロッパ方式で行くことの可能性が大きいと思います。ただ、ここではあえて別の対立軸を立ててみたいのですが、すなわち、欧米式民主主義と東アジア式民主主義です。

西洋式民主主義の誕生は必ずしも社会人口の多数において実現したのではなく、十九世紀のヨーロッパにおいて、本当の中産階級は全社会の少数でありました。貧困のプロレタリア（産業労働者）と農民が全人口の大半を占めていました。したがってその民主主義も当時は全社会のものではなく、少数の人間に属するものでした。そしてその民主主義はドイツ、イタリアのファッショ化を阻止できませんでした。日本の大正デモクラシーもその後の軍国主義の台頭を阻止できなかったのです。欧米や日本における民主主義の真の確立（ファッショ化の再現がありえないこと）は第二次世界大戦に対する反省、および戦後の経済発展、社会の平等が本格的に実現した後だったのではないかと思います。

その意味で、日本が欧米から一部学びながら、自分の国情に合わせて育てた日本式民主主義は、欧米流の基準で見れば「擬似的民主主義」と見えるかもしれないし、実際に手を入れて改善すべきところも多くありますが、胸を張って「東洋式の民主主義」と主張してもいいのではありませんか。実際に今日の中国が目指す民主主義の手順と方法も、日本の経験を多く参考にしています。欧米方式はその主な参考対象ではありません。中国共産党は二〇〇二年秋の党大会で「全国民の利益の代表になる」ことを党の規約に盛り込み、これから各利益集団を一与党内に集めて利益の調整を行なうやり方は自民党と同じです。選挙制度を拡大していく過程で、まず「万年与党」の地位を確保して民主主義確立のための改革を行ない、その基礎がある程度作られたら、二つか三つの党に別れていく。東洋型民主主義はその本質において西欧型と異なるものではないが、その実現のプロセスはかなり違うところにその特色があるといえましょう。

猪口　最後に、一分だけ。私は二十一世紀第一・四半世紀は、パクス・アメリカーナ（米国による平和）から長いパクス・コンソルティス（協調による平和）といいますか、パクス・コンソーシアム（連合による平和）みたいなところにいく一世紀ぐらいになる可能性が多いと思うんです。その中で構成単位である主権国家というのはかなり少しずつ後退するような気もするけれども、でもそれを何だかんだといっても、結局まだ一番すぐにダメージを与える力を持っているのは主権国家なので、グローバル・ガバナンスというようなことは先の話であるような感じがしています。政策分野ごとに、局面ごとに少しずつその意味も見えてくる段階にあるわけで、そこら辺で日本は少しずついいところ、あるいは弱いところを克服していく努力が必要だと思います。裸の対立をそのまま出して何とかするということから対立を和らげるための仕組み、それからそのための——国際組織ということは合わないですけれども——、何かのアレンジメントをもうちょっとつくる必要があると思います。

そのためには日本としても、何かビジョンですね。何かをいっていくということが非常に必要であるし、だんだんできるのではないかと思うんです。欧州連合ほど早く始めたわけでもないけれど。欧州連合は、「もうけんかをやめよう」、二十世紀の前半にあれだけ何千万人も死んだのはヨーロッパだけで、それはやめてくれということで欧州連合の今日へと発展させてきた。欧州連合の内部でのやり方を他の世界でも通用させようとするわけです。やり過ぎて今回「オールド・ヨーロッパ」なんていわれたわけですけれども。ああいう場合には、また非常に面倒くさいんですね。西ヨーロッパの人は、ロシアとイスラム教徒は統合する範囲外にしてしまっているから比較的やりやすかったんだと思うんです。しかもアメリカの後押しがあった。

ただ日本というかアジア太平洋の場合は、中国を外に置くわけにはいかないし、インドネシアも外というわけにはいかないし。中に入れなければシステムとしてそもそも何も意味がない、成り立たない。そういったときにこれだけゆっくりやるのもある程度やむを得ないと思うんですが、朱さんも言及されました自由貿易地帯のことでも、もうちょっと日本はやり方としてタクトがあってもいいかなと思います。とにかく国内のコンセンサスをつくるのでどんどん後退していて、何も対外的にはできない。そのうち地域経済もどんどん変わっていく。アメリカ経済もどんどん変わっていくと思うんです。日本のコンセンサスができたときには。農業の人口が千人ぐらいになったら可能になるみたいな、のんきな話になっているわけです。これを何とか、決め方も含めて、国民国家、主権国家単位で考えて、しかもみんなコンセンサスで、みんながうんというまでやるというのを、もうちょっと時間の展開のなかで少しずつ考えるということをやっていくしかないのではないかと。まず内で固めて、それで外に対処するというペリー以来のやり方じゃなくて。こちらも変わる、あちらも変わる。それに基づいたビジョンを経済的な関係でも、あるいは安全保障でも考えていくというのがないと。

北朝鮮の問題でも何となくいい提案がなかなか出てこないし、イラクについても、なかなかいい提案が出にくい。というか、出ない方がいいという面もあるんですが。大変になってしまうから。火中に栗を……それは川勝さんだけであって。

川勝 やはり政治家に必要なのは武士道というか、サムライの精神です。

猪口 日本のあれはもう受身というか、なるべく目立たないようにして、面倒くさくないようにして、火中に栗は拾わないという。飛んで火に入らないというのがあるものですからね。でもここら辺で、何とかもうちょっと積極的にビジョンを出す、システムデザインを何とか工夫していくようにしたい。

イラクについても僕は二〇〇二年九月ぐらいの段階で、まずとにかくアメリカを何とか戦争でないように説得するというのをいって、どうしようもなかったらとにかく首相がサダム・フセイン大統領に何とかしたら、というのを『読売新聞』に書いているんですよ。だけど、どちらもうまくいかなくて残念ですが。

そうなった以上とにかくいろいろな経緯とか、こちらの平和国家の大義からして、大量破壊兵器が拡散するのを反対という意味から、米国支持でないとかえって日本の自主防衛国家への転換を促進するだけになる。開戦前夜には『毎日新聞』に書きましたが非常に難しいですね。

とりわけ、本当は外交ではなくて経済についても、ASEANとの自由貿易協定についても日本はシステム・デザインを明確に描くべきだと思う。中国とＡＳＥＡＮはいってみればメルコスール〔南米南部共同市場 Mercado Comun del Sur：MERCOSUR〕みたいなもので。中国とＡＳＥＡＮの経済規模、ＧＮＰ規模はそんなものですよ。ブラジルとアルゼンチン。中国もＡＳＥＡＮも、ブラジルもアルゼンチンも発展途上国条項をうまく使えるので、合意が容易です。日本とＡＳＥＡＮというのはちょうどアメリカとメキシコみたいなもので、これはＮＡＦＴＡなんです。どちらが簡単かというのはわからないですけれども、やはりサイズとか相対性という関係というよりは考え方ですね。日本は国内だけ固めようと考えるから動きもとれないし、動きもしないし。国内の改革というか、構造変換ということもなかなか……。日本ではやはりすべての人がかわいいということになりますからね。それも人道主義だからよくわかる。すべての人がかわいい。人の上に人をつくらず、人の下に人をつくらず。全員が一様に貴重。ところがもうちょっと何というか、四つの島を超えたのも考えるように少しずつなっていったらと思うのです。意外と対立の負の帰結の緩和もできると思うんですが。そこら辺もうちょっとダイナミックな思考を入れるような世代が、指導者に入ってくれたらなと思っています。

（二〇〇三年四月五日　於・藤原書店会議室）

編者解題

猪口　孝

ウォーラーステイン、すなわち大言壮語と緻密な実証

イマニュエル・ウォーラーステインの魅力はその大言壮語と歴史的文化的自由闊達である（Wallerstein, 2000）。大言壮語というのはマクロ歴史社会学の特徴なりといえばそれで片づくのかもしれない。実際、スィダ・スコッチポル（Skocpol, 1979）やマイケル・マン（Mann, 1986, 1993）やベルトラン・バディ（Baddie, 2000）やジャネット・アブ・ルゴッド（Abu-Lughod, 1991）などとならんで、華麗な社会学者

である要件のひとつは大言壮語にある。こまごまとした、ぎちぎちの実証主義の論文をみると、それでおまえはそのまま一生をおわるのか、そもそも人間なのかと訊きたくなる。そういうところがないとなかなか納得できないのはわかるが、大きなメッセージがないと失望する。逆に、大きなメッセージだけで、ろくに実証がないのには引きつけられないのが普通である。ウォーラーステインの大言壮語は意外に丁寧な実証主義に裏付けられているために、かえって大言壮語が生きてくる。時代が、混沌というほどではないが不確定性の強いなかで、下手な実証主義がただ時代に追随したことを退屈な文章でなぞっていくことに堕していく時、大言壮語こそが新しい時代を開くのである。ウォーラーステインが「開放された社会科学」(Wallerstein, 1996) を提唱する時、人間味のない、想像力の乏しい、既定の路線を資料で追認するだけの実証主義を標的にしているのである。

歴史的文化的自由闊達はウォーラーステインの生まれ持ったものというよりは、おそらく若い頃から知的好奇心が旺盛であったことと関係しているであろう。欧州文化の知的武装にくわえて、米国の職業的な習慣化された訓練が大きく働いているだろう。若い頃には主としてアフリカ社会に強い関心をもち、なぜアフリカは脆弱で、従属して、しかもそれが長く続いているのかと問いつづけていた。コロンビア大学で教えていた若いイマニュエルはアフリカニストであった。第三世界からの富裕国の批判が溢れ、新国際経済秩序が喧伝され、そのなかで富裕国の防衛的な集まりが一九七五年には経済サミットとして実現される。そのような一九六〇年代から一九七〇年代の展開のなかで、ウォーラーステインの『近代世界システム』が登場する。いやむしろ、一八四八年から一九六八年までのリベラル・コントラクト〔自由契約〕の追求の底に流れていた歴史的な構造を露呈していくことが『近代世界システム』の一つの重要な課題ではなかったかと思う。五〇〇年間の欧州の台頭を説明するのに経済活動の分業関係を軸に世界をひとつにする世界システムという考えを導入し、資本主義と主権国家の相互作用のなかで欧州が非欧州を従属的な立場に構造的にもっていくことを示そうとした。ウォーラーステインはこの傑作を生み出すなかで、世界はこうして今日に至ったのだというだけでなく、世界はこれからこのように動いていくというメッセージを織り交ぜてゆく。二十世紀の最後の四半世紀は古今東西を縦横に駆けめぐる彼ならではの活躍が展開した。文化的な自由闊達とは異質な文化に初めて遭遇したからといってたじろぐことがない。むしろそれを自分の栄養としていく貪欲さが彼の真骨頂である。言語的な自由闊達さだけでなく、文化的なフルエンシーが彼の著作を米国、欧州のみならず、第三世界でも、日本でも多くの読者を獲得していくのである。

晩期近代世界システムの三つの節目

『近代世界システム』はまだ完結していない。ウォーラーステインにとってこの傑作を完結することが最優先ではない。彼にとってはそれがひとつの要素である「世界を議論すること」（アーギュイング・ザ・ワールド）の仕事が最優先なのである。したがって、世界の動きがみずからの議論を強めるのであれば、何をおいても、私の言うことにまず耳を傾けよと言わんばかりの雄弁な文章が生まれる。

イラク戦争が大西洋の亀裂を露呈した時に彼が最初に書いたことは、欧州と米国の一体性についてニュアンスの違いだけでなく、根本的に異質の考えを示していることを注意深い対照によって証明し、しかし、大西洋の亀裂が政治的に決定的な亀裂の終極にいくのではないという予想であった。彼にとって『近代世界システム』が刊行されはじめてから、おおまかにいって三つの大きな節目が生起した。いずれも彼の持論をさらに増強するものである。

第一はベトナム戦争と中東戦争と石油危機を契機とした米国資本主義の衰退への第一歩の明白化である。当時、米国はその勢いとどまることを知らずといわんばかりに、ベトナム戦争の挫折にもかかわらず、それを克服し、前進していたと多くの識者は理解していたその時に、「米国はピーク・アウト、ピーク・アウト」と鋭いメッセージを出しつづけていたのがこのウォーラーステインである（Wallerstein, 1975）。その理由は米国資本主義の活力の減退であり、欧日のおいつきであり（それは三極委員会のような米欧日の柱を承認する制度化につながった）、第三世界の抵抗である（それは「新世界経済秩序」の要求に繋がった）。そのなかで衰退が既定のコースであり、米国国家がどのような路線をとるかで、ただそれが速まるのか、緩慢なものになるかが決まるだけだと議論していく。その頃この種の米国資本主義の寿命として議論するのは稀であったがゆえに、強い関心を引いた。

第二は冷戦後である（Inoguchi, 1989）。冷戦後の世界秩序をどう描くかについては米国で大きく三つのイメージが浮上した。まず、伝統的な現実主義者のパックス・アメリカーナⅡで、それはソ連消滅の後、当然に米国の天下、米国の世界指導権発揮がしばらく継続するのであるとする。軍事的にも圧倒したのだから、いろいろな方法を駆使して、ソフト・パワーを繰り出して、米国による平和を長くすることが米国の利益であり、世界の利益であると論じていく（Nye, 2002; Nau, 2002）。ついで、ウィルソン的な理想主義者とでもいえる議論で、対抗イデオロギーが敗退したのだから、自由民主主義資本主義の勝利であり、市場自由化、政治民主化、そして米国の一極主義が続くなかで、民主主義による平和がおとずれるのであり、実際そうしていこうという議論が登場する（Fukuyama, 1995；Russett, 1993）。そのためには米国の一極主義を前面に出さず、ましてや米国単独行動主義を控えて、多国間で新しい契約をつくっていくことで米国の指導権をより長期化すると議論していく（Ikenberry, 2001）。最後に、西側主義者、大西洋主義者の文化的防衛論がある。ソ連消滅は対抗イデオロギー、対抗勢力の消滅であり、米国にとっての困難な時代を意味する。対抗するものがあったからこそ、米国は活き活きする。自由化、民主化、一極化に頑強に抵抗する潜在能力を有するのは、イスラムと中国である。文明は衝突するのであり、米国に挑戦しうるのはこの二つである。その挑戦は非伝統的な挑戦を試みているのであり、米国とその友人はその挑戦を抑止し、万一挑戦が現実になっても、挑戦に徹底的に応答することが米国の利益であり、世界の利益であると議論する（Huntington, 1992）。

これらのいずれの議論に対してもウォーラーステインは否定的である。米国一極主義に対しても追随と静寂が一時的に優勢にみえても、必ず対抗勢力が現れるのだというだろう。ソフト・パワーなどというのは自己満足にすぎないとでもいわんばかりである。米国は防衛的な立場にあるからこそ、他の国家との寛容な契約を締結するというよりは、どうしても米国の意思をおしつけがちになるという議論になる。さらに、文明の衝突の議論については、表面的なものとしてあまり問題にしない。文化的に自由闊達《フルエント》でない人が何故に文明の衝突について意味ある形で語れるのかという感じではないか。

第三は、九・一一以後である。当初は「われわれはみな米国人である」(『ル・モンド』紙)、「無条件的団結」(シュレーダー独首相)へと一時は大きく米国に傾斜したが、アフガン戦争からイラク戦争へと向かうなかで、大西洋共同体の亀裂が明々白々になっていく(Wallerstein, 2002)。これは米国指導力の後退の一歩である。西側世界の凝集力の低下であり、西側世界(米欧日)を土台とするのではなく、次第に海洋勢力(英日豪伊西など)と大陸勢力(仏独露中など)との分化と、体制移行をなしとげつつある新興独立国(中東欧、中央アジア、中近東などの)支持獲得へと走るのが目立つ。目的達成のための軍事力依存の偏重、単独行動主義の多用、そして米国流自由・人権・自由市場・民主主義の推進行動の強引性(Cox/Ikenberry/Inoguchi, 2000)などの特徴が目立つが、それは米国資本主義の世界システムにおける地位の低下への焦燥感によってより強く表現される。

アメリカ主導世界秩序の新しい読解

すでに二十一世紀前半という本書のカバーすべき時代にはいってしまった。二十一世紀にはいって印象を強くしていっている世界システムの特徴は何か。何を置いても重要なことは、米国の指導権が最も頂上に達したようにみえるこの時こそ、その脆弱性が赤裸々にみえはじめるということだと思う

（猪口, 1979）。米国主導世界秩序のイデオロギーが最も先鋭化された今日こそ、ヘーゲルの言う「ミネルヴァの梟は夕闇にとびたつ」があてはまるのだろうか。ウォーラーステインの議論は会議に展開された議論の本書要約で十分に理解できるので、ここではむしろウォーラーステインの議論の進め方とは少し離れて、ウォーラーステインの大言壮語癖と歴史的文化的自由闊達性を継承しつつ、展開してみたい。

一　二十世紀は一体なんだったのだろうかという問いに答える時に、検討しなければならない問題の第一が大戦争の勃発と近世帝国の崩壊である（山下, 2003 ; Jones, 2003）。そしてそれを促進した大きな流れは欧州を一世紀かけて次第に不可逆的に変えていった産業革命（Hobsbaum, 1999）、ナポレオン戦争、自由貿易であった。十九世紀中進展したこのような流れを後にグローバリゼーション（Held et al., 2003）とよばれる現象と同じなのである。産業革命はイングランドにとどまらず、十九世紀末までにロシアをも大きな影響を与え、ヴラディミール・レーニンをして『ロシアにおける資本主義の発達』を執筆せしめた。ナポレオン戦争は欧州の中核的な部分に革命的衝撃を与えた。自営農民の誕生、国家の法的制度的整備、社会とのより明確な分離、民族主権国家への変革、常備軍の設置などナポレオンの遺産である。自由貿易は本家の英国でも難産の末に本格的に実行できたことであるが、その衝撃は欧州のみならず、全世界に感じられたのである。その以前には圧倒的な綿製品の輸出市場であったインドは英国の競争にはあえなく敗退していく。歴史の小さなエピソードでしかなかった日本の土着綿産品の英国製品に対する日本市場における勝利はのち大きな歴史的な意味をもつことになる（Kawakatsu and Latham, 1994)。カール・マルクスが欧州を徘徊する妖怪とよんだ共産主義はグローバリゼーションと今日ならば呼ばれるところの資本主義に反発したのである。技術、政治、経済などにグローバリゼーションは深化し、アンシャン・レジームは経済的にも、政治的にも、文化的にも段階的に崩れていく。これが十九世紀であり、主導勢力は英国であった。第一次世界戦争はその英国的自由貿易主義的秩序に国家主導産業化と海軍近代化を軸にしたドイツの挑戦があった。英国に対するドイツの挑戦と英国の指導権死守の決意は前代未聞の大戦争を欧州にもたらした。

二　その結果はロシアとオーストロ・ハンガリーとトルコにおける近世帝国の崩壊である(Mozaffari, 2003)。その崩壊は欧州においてはほぼ完璧であった。その崩壊のなかから生まれてきたのはイデオロギー的にも極端な考えであった。すなわち、帝国の崩壊、戦争敗北に伴うアノミーが生み出したのは極端主義、つまりナチズム、ファシズム、ボルシェビズムであった。いうまでもなく、アノミーは別の形で現れることも多い。キルケゴールやカフカのような政治的行動に転化しにくい思想も多くの人を引きつけたのである。トルコにおける近世帝国は崩壊したものの、その版図のほとんどは欧米植民地主義の庇護の下に、分割された形で入ることになる。近世帝国の崩壊がただちに極端主義をオスマン帝国の場合は生み出さなかったことを説明するためには欧米植民地主義の分断統治と現地勢力の力量不足があげられなければならない。二十世紀初頭にエジプトでイスラム過激派の政治集団行動があったのち、半世紀経ってはじめてイスラム教徒が政権を握ったのは一九七九年のイランであり、一九九六年のアフガニスタンであった。そしてオスマン帝国の本格的な崩壊は実際には二十一世紀に起こることになる。アフガン戦争やイラク戦争はその一環であるとみなければならない。

三　その極端主義がドイツとロシアで強大になり、アジアでも日本が枢軸側に投機主義的に参加し、世界に修正主義的大脅威を与えたのが第二次世界大戦である。まず枢軸国が壊滅された。その過程で米国は英国に代わって世界主導勢力にのし上がったのである。米国は「一種の同盟国」(Thorne, 1971) とよばれ、英国は助けられるなかでその世界主導権を奪われていくのである。第二次世界大戦後に連合国側として残ったもうひとつの極端主義を奉ずるソ連や中国は後に封じ込めの対象になり、二十世紀の大半が冷戦として記録された時代になった。ソ連も中国もそれぞれの近世帝国の版図を継承したことは重要である。冷戦的封じ込めは近世帝国の版図を長く温存することに手助けしたことになるだろう。第二次世界大戦がひとつの極端主義を壊滅したが、もうひとつの極端主義を戦後に封じ込めの対象にしたのである。それが米国主導世界秩序であった。もうひとつの極端主義が大きな版図を占めている限りにおいて、米国主導世界秩序が世界的になることができないようでいて、むしろ限られた地域において米国主導世界秩序の拠点を堅固にすることができたとみるべきだろう。

四　冷戦の終焉は米国主導世界秩序を新たなフロンティアに拡大することを可能にした。新しいフロンティアとはロシアに加えて、中東欧であり、中近東であり、中央アジアである。十九世紀の地政学者マッキンダーがこの空間を制するものが世界を制すると予言した地域である。予言はどうみても当たったとは思えないが、そのように信じた政治指導者は十九世紀末のアフガン戦争、一九八〇年代―一九九〇年代のアフガン戦争、二〇〇〇年代のアフガン戦争を生んだことも確かである。すでに第三の波の民主化を達成した南欧、中南米、東・東南アジア、そして南部アフリカも引き続き、その米国主導世界秩序形成のマーチは深化していく。しかし、米国主導世界秩序は軍事的には米国の圧倒的な一極的優位性、政治的には第三の波＝民主化の貫徹、経済的には金融資本の自由化によって、冷戦の終焉をまたずに明白になっていた（Inoguchi, 2000）。冷戦の終焉はすべてこの潮流に拍車をかけることになった。その結果、米国の国防費は軍事的にはほかのすべての国家の国防費を合計しても米国のそれには届かないことになった。技術水準からみてもどの国も到底太刀打ちできない水準に達したのである。政治的には、民主主義にあらずんば、普通の国にあらず、といってよいような風潮になった。民主主義と市場経済が大多数の規範と価値の原点にあるべしという風潮になった。経済的には、金融市場をはじめとして着実に地球化されていく市場、着実に自由化されていく市場が大勢になった。そのなかで、極端主義の温床は育まれることになった。

五　新しい極端主義とはファシズムでもナチズムでもボルシェビズムでもない。政治的資源が少ないイスラム世界ではイスラム教の原理主義的解釈によって行動力が生まれた。冷戦後のイスラム教徒の過激化は第一次世界大戦後欧州における極端主義の活発化に構造的には似ているとメフディ・モザファリは主張する（Mozaffari, 2003）。既に展開したように、近世帝国（ないしその遺制）の崩壊とその帰結としてのアノミー、それを克服するものとしての全面的回復主義を約束する原理主義的な世界解釈がひとびとの心を捉えることになる。近世帝国が崩壊したにもかかわらず、半植民地主義的人工的主権国家（近世帝国が崩壊した後も、半分植民地になった部分をかかえながらも、人工的に主権国家の体裁を保っている国家）が製造される時、ひとびとの支持を強制できるのは軍事独裁になりがちであった。それが中近東で、中央アジアでそして北アフリカで目立っていたのもなかば自然の理であった。それなくしては宗教独裁になりやすいことはイランが、そしてアルジェリアが証明したことであった。しかし、アフガニスタンでイラクで宗教独裁や軍事独裁が壊滅させられると、次第に自由化・民主化への歩みが勇気づけを受けて近隣に同じような動きが出てくるという。少なからぬジグザグを経ながらのことだろうが、内外安全保障の軍事的基盤が持続的な強固である限り、そのような路がとりやすくなるだろう。

六　米国主導世界秩序を規定する原理は何か。冷戦後の原理のひとつを示したフランシス・フクヤマ（Fukuyama, 1995）によれば、価値と制度が大まかにいって民主主義と市場経済に収斂した以上、違いは信頼によってしか生まれないと言う。それでは信頼は何によって生まれるか。それは価値や規範を共有し、規則を遵守するだけではない。むしろ突出するのはそのようなことを前提にしつつ、ともにリスクをとることを明々白々にすることであるという。イラク戦争で「有志連合」という言葉が使われたことを想起しよう。米国主導世界秩序形成のひとつの原則は有志連合である。価値や制度を共有する、規則を遵守するだけであったら、欧州連合と北大西洋条約機構の重要メンバーであるフランスやドイツなどの方がはるかに信頼できるはずである。しかし、冷戦後ではリスクをしっかりとってくれる有志の方がたとえ、共有度・遵守度がすこしばかり低くでも、ありがたいことになる。それはなぜかというと、無政府的な行動をとりかねないアクターが増えたからである。それは伝統的な主権国家が自己主張で肩肘を張り合うから国際政治は無政府になるというのとは根本的に違う。国家主権はなく、人民主権もなく、ただただ無政府状態が現出しているという社会が世界で数十あるという。このような社会から生まれるリスクについては、有志連合がこれに立ち向かうしかないのではないか。みずからの社会が民主主義で市場経済であっても、このような社会にはびこる反正義を容認するのでは、利己主義、無責任、臆病のレッテルを張られても反論がまともにはできないのではないか。このように議論を展開するのが、イラク戦争の前夜、大西洋同盟を亀裂させる明々白々の論理の違いを明白にしたロバート・ケイガン（Kagan, 2003）である。ここに米国主導世界秩序が三個の異なる形成論理に対峙する仕事を抱えて、人をひどく混乱させる三重基準を使っている理由である（Inoguchi, 1999, 2000, 2002a, 2002b）。

第一の基準では、国の主権と外交政策の優越の二つが中心的テーマになり、その他のすべての事柄は、それが力の均衡（すなわち平和）のもとでの巧みな行動の実現に役立つかどうかで判断される。一九四五年以来のアメリカのヘゲモニーが徐々に後退する方向にあるので、アメリカが間欠的な行動によってバランスを取り直して、その国際的なリーダーシップを補強する必要があるとする。彼の中心的関心事は大国が巧みな力の均衡の政治によって平和を達成することに焦点を置く。

第二の基準では、民主主義やリベラリズムなど、共通の規範や価値を共有する行為者の間に大いに非暴力的な紛争解決のモードが広がるとする。この説をとる人々はアメリカがいたるところで民主主義を推進することで、戦争の可能性を減らせるとする。価値や政治制度を共有する国同士が戦うべき理由は無い。この受身のアプローチによると、アメリカは相互作用をリベラルな民主主義に限るべきであり、非民主主義との接触は資源を枯渇させるだけである。

第三の基準では、多くの文明は共存できず、世界は衝突の状況に満ちている。問題は、文明や一部の宗教、民族、言語、地理、歴史の間の基本的な非共存性にあるとする。

結局、アメリカは国際機関への国の主権の移転という点では最も不十分な国の一つであり、頑迷固陋なウェストファリアンである。同時にアメリカは自由、民主主義、人権を説き、それらの原則に基づいて国境を無視して行動している。アメリカは生来のフィラデルフィアンである。アメリカはまた、さまざまな宗教、民族、言語、歴史の間の埋め得ないギャップが、自国の国益という点で無意味ではないということを認めないで、容赦なくグローバルな市場やグローバルガバナンスという概念や慣行を推進している。アメリカはこの点では独善的で冷静な反ユートピアンである。

このような三重の基準で見ていくことが世界システムが大きく変わってきている時にとても重要である。

文　献

Abu-Lughod, Janet (1991) *Before European Hegemony: The World System A.D. 1250-1350*, Oxford: Oxford University Press.

Baddie, Bertrand (2000) *The Imported State: The Westernization of Political Order*, Stanford: Stanford University Press.

Cox, Michael, G. John Ikenberry, and Takashi Inoguchi, eds., (2000) *American Democracy Promotion: : Impulses, Strategies, Impacts*, Oxford: Oxford University Press.

Fukuyama, Francis (1995) *Trust: The Social Virtues and the Creation of Prosperity*, New York: Free Press.

Held, David and McGrew, Anthony (2003) *Global Transformations Reader: An Introduction to the Globalization*, Oxford: Blackwell.

Hobsbawm, Eric (1999) *Industry and Empire: From 1750 to the Present Day*, London: Peter Smith Publications.

Huntington, Samuel (1992) *The Clash of Civilizations, and the Remaking of World Order*, NY: Simon & Schuster.（邦訳『文明の衝突』鈴木主税訳、集英社、一九九八年）

Ikenberry, G. John (2001) *After Victory: Institutions, Strategic Restraint, and the Rebuilding of Order after Major War*, Princeton: Princeton University Press.

猪口孝（1978）『外交態様の比較研究——中国・英国・日本』東京、巌南堂書店。

Inoguchi, Takashi (1989) "Four Japanese Scenarios for the Future," *International Affairs*. vol.65, No.1, pp.2-14.

Inoguchi, Takashi (1999) "Peering into the Future by Looking Back: The Westphalian, Philadelphian and Anti-Utopian Paradigms," *International Studies Review*, Vol.1, No.2, pp 173-191.

Inoguchi, Takashi (2000) "Three Frameworks in Search of a Policy: US Democracy Promotion in Asia-Pacific",in Michael Cox, G. John Ikenberry, Takashi Inoguchi, eds., *American Democracy Promotion: Impulses, Strategies and Impacts*, Oxford: Oxford University Press, pp.267-286.

Inoguchi, Takashi (2002a) "Three Japanese Scenarios for the New Millennium," in Immanuel Wallerstein and Armand Clesse, eds., *The Worlds We Are Entering, 2000-2050*, Amsterdam: Dutch University Press, pp 189-202.

猪口孝(2002b)『地球政治の構想』東京、NTT出版。

Jones, Eric (2003) *The European Miracle: Environments, Economies and Geopolitics in the History of Europe and Asia*, Cambridge: Cambridge University Press (3rd edition).

Kagan, Robert (2003) *Of Paradise and Power: America and Europe in the New World Order*, New York: Random Press. (邦訳『ネオコンの論理——アメリカ新保守主義の世界戦略』山岡洋一訳、光文社、二〇〇三年)

Kawakatsu, Heita, and A.J.H. Latham, eds. (1994) *Japanese Industrialization and the Asian Economy*, London: Routledge.

Mann, Michael (1986, 1993) *The Sources of Social Power*, Cambridge: Cambridge University Press.

Mozaffari, Mehdi (2003) "Islam and the End of Empires," unpublished manuscript.

Nau, Henry (2002) *At Home Abroad: Identity and Power in American Foreign Policy*, Cornell: Cornell University Press.

Nye, Joseph (2003) *The Paradox of American Power: Why the World's Only Superpower Can't Go it Alone*, Oxford: Oxford University Press. (邦訳『アメリカへの警告——二一世紀の国際政治のパワー・ゲーム』山岡洋一訳、日本経済新聞社、二〇〇二年)

Russett, Bruce (1993) *Grasping the Democratic Peace: Principles for a Post-Cold War World*, Princeton: Princeton University Press. (邦訳『パクス・デモクラティア——冷戦後世界への原理』鴨武彦訳、東京大学出版会、一九九六年)

Skocpol, Theda (1979) *States and Social Revolution: A Comparative Analysis of France, Russia and China*, Cambridge: Cambridge University Press.

Thorne, Christopher (1971) *Allies of a Kind: The United States, Britain, and the War Against Japan, 1941-1945*, Oxford: Oxford University Press.

Wallerstein, Immanuel (1974) "The Rise and Future Demise of the World Capitalist System: Concepts for Comparative Analysis," *Comparative Studies in Society and History* 16, pp 387-415.

Wallerstein, Immanuel (1975, 1980) *The Modern World-System*, Vols. 1 and 2, New York: Academic Press. (邦訳『近代世界シス

テム』川北稔訳、岩波書店、一九八一年、名古屋大学出版会、一九九三・一九九七年）
Wallerstein, Immanuel (1986) *Africa and the Modern World*, New York: Africa World Press.
Wallerstein, Immanuel (1991) *Unthinking Social Science: The Limits of Nineteenth-Century Paradigms*, Philadelphia: Temple University Press.（邦訳『脱＝社会科学』本多健吉・高橋章監訳、藤原書店、一九九三年）
Wallerstein, Immanuel et al. (1996) *Open the Social Sciences: Report of the Gulbenkian Commission on the Restructu ring of the Social Sciences.* Stanford California: Stanford University Press.（邦訳『社会科学をひらく』山田鋭夫訳、藤原書店、一九九六年）
Wallerstein, Immanuel (2000) *The Essential Wallerstein*, New York: The New Press.（邦訳、藤原書店近刊）
Wallerstein, Immanuel and Armand Clesse, eds. (2002) *The World We Are Entering, 2000-2050*, Amsterdam: Dutch University Press.

執筆者紹介（五十音順）

Immanuel WALLERSTEIN（イマニュエル・ウォーラーステイン）

1930年生まれ。ビンガムトン大学フェルナン・ブローデル経済・史的システム・文明研究センター所長。1994-98年、国際社会学会会長。1993-95年には社会科学改革グルベンキアン委員会を主宰、そこで交わされた討論リポートを『社会科学をひらく』（邦訳、藤原書店、1996）としてまとめた。世界システムの理論構築の草分けとして知られ、『近代世界システム』全3巻（邦訳、岩波書店、1981、名古屋大学出版会、1993, 97）は著名。邦訳著書に『ポスト・アメリカ』（1991）、『脱＝社会科学』（1993）、『アフター・リベラリズム』（新版2000）、『転移する時代』（共編著、1999）、『ユートピスティクス』（1999）、『新しい学』（2001）、『時代の転換点に立つ』（2002）、『世界を読み解く　2002-3』（2003、以上全て藤原書店）など。

加藤 博（かとう・ひろし）

1948年生まれ。1980年一橋大学大学院経済学研究科博士課程単位修得。経済学博士。現在、一橋大学大学院経済学研究科教授。専攻・アラブ社会経済史。著書に、『私的土地所有権とエジプト社会』（創文社、1993）、『文明としてのイスラム』（東京大学出版会、1995）、『アブー・スィネータ村の醜聞』（創文社、1997）、『イスラム世界の常識と非常識』（淡交社、1999）、『イスラム世界論』（東京大学出版会、2002）など。

川勝平太（かわかつ・へいた）

1948年生まれ。1972年学士（早稲田大学）、1975年修士（早稲田大学）、1985年博士（オックスフォード大学）。現在、国際日本文化研究センター教授、元早稲田大学教授。専攻・比較経済史。著書に、『日本文明と近代西洋』（NHK出版、1991）、『文明の海洋史観』（中公叢書、1997）、『富国有徳論』（中公文庫、2000）、『美の文明をつくる』（ちくま新書、2002）、『経済史入門』（日経文庫、2003）、編著に、『海から見た歴史』（藤原書店、1996）、『アジア交易圏と日本工業化』（浜下武志共編、藤原書店、2001）など多数。

朱 建栄（しゅ・けんえい）

1957年上海生まれ。1981年中国・華東師範大学外国語学部卒、1992年学習院大学で博士号（政治学）取得。現在、東洋学園大学人文学部教授。専攻・国際政治、中国現代史。著書に、『毛沢東の朝鮮戦争』（岩波書店、1991）、『中国二〇二〇年への道』（ＮＨＫブックス、1998）、『毛沢東のベトナム戦争』（東京大学出版会、2001）、『中国第三の革命』（中公新書、2002）など。

山田鋭夫（やまだ・としお）

1942年生まれ。1969年名古屋大学大学院経済学研究科博士課程満期退学。現在、名古屋大学経済学部教授。専攻・理論経済学専攻。著書に、『レギュラシオン・アプローチ』（増補新版、藤原書店、1994）、『レギュラシオン理論』（講談社現代新書、1993）、『20世紀資本主義』（有斐閣、1994）、『戦後日本資本主義』（共編、藤原書店、1999）、訳書に『レギュラシオン理論』（新版、藤原書店、1990）、『現代の資本主義制度』（ＮＴＴ出版、2001）、『脱グローバリズム宣言』（共訳、藤原書店、2002）など。

編者紹介

猪口 孝（いのぐち・たかし）

1944年生まれ。1974年マサチューセッツ工科大学大学院博士課程修了、政治学博士。1995-97年国連大学上級副学長。現在、東京大学東洋文化研究所教授。ケンブリッジ大学出版社『Japanese Journal of Political Science』、オックスフォード大学出版社『International Relations of the Asia-Pacific』編集長。専攻・政治学。最近著に、『アジア・太平洋世界』（筑摩書房、2002）、『地球政治の構想』（NTT出版、2002）、『現代日本政治の基層』（NTT出版、2002）、『日本のアジア外交』（編著、パルグレーブ・マクミラン、2002）、『米国による民主主義推進』（主編著、オックスフォード大学出版社、2000）、『政治学事典』（主編著、弘文堂、2000）。

今われわれが踏み込みつつある世界は…　2000-2050

2003年9月30日　初版第1刷発行©

編　者　猪　口　　孝

発行者　藤　原　良　雄

発行所　株式会社　藤原書店

〒162-0041　東京都新宿区早稲田鶴巻町523

TEL　03（5272）0301
FAX　03（5272）0450
info@fujiwara-shoten.co.jp
振替　00160-4-17013

印刷・製本　図書印刷

落丁本・乱丁本はお取り替えします
定価はカバーに表示してあります

Printed in Japan
ISBN4-89434-353-3

イマニュエル・ウォーラーステイン責任編集

叢書〈世界システム〉

経済・史的システム・文明
（全五巻）

〈世界システム〉という概念で、今世紀社会科学の全領野を包括するＩ・ウォーラーステインが、日本の読者に向けて責任編集する画期的な初の試み。
ウォーラーステインの主宰する、フェルナン・ブローデル・センターの機関誌『レビュー（季刊）』より、各巻のテーマに則した重要論文を精選する。

1　ワールド・エコノミー〔新装版〕

山田鋭夫・市岡義章・原田太津男訳

（執筆者）Ｉ・ウォーラーステイン、Ｔ・Ｋ・ホプキンス、Ｐ・Ｊ・テーラー、Ｆ・フレーベル、Ｄ・ゼングハース、Ｓ・アミン

Ａ５上製　256頁　**3200円**　（1991年6月／2002年9月刊）　◇4-89434-302-9

2　長期波動〔新装版〕

山田鋭夫・遠山弘徳・岡久啓一・宇仁宏幸訳

（執筆者）Ｉ・ウォーラーステイン、Ｔ・Ｋ・ホプキンズ、Ｒ・クームズ、Ａ・ティルコート、Ｊ・Ｂ・テーラー、Ｈ・ブリル

Ａ５上製　224頁　**3000円**　（1992年1月／2002年9月刊）　◇4-89434-303-7

3　世界システム論の方法

山田鋭夫・原田太津男・尹春志訳

（執筆者）Ｉ・ウォーラーステイン、Ｇ・アリギ、Ｊ・ドランゲル、Ｒ・Ｈ・マクガイア、Ｊ・スミス、Ｗ・Ｇ・マーチン、Ｔ・Ｋ・ホプキンス、Ｒ・パラット、Ｋ・バー、Ｊ・マトソン、Ｖ・バール、Ｎ・アーマド

Ａ５上製　208頁　**2800円**（2002年9月刊）　◇4-89434-298-7

〈続巻〉

4　第三世界と世界システム　Ｉ・ウォーラーステイン他
5　アナール派と社会科学　Ｉ・ウォーラーステイン、Ｆ・ブローデル他

激動の現代世界を透視する

ポスト・アメリカ

（世界システムにおける地政学と地政文化）

Ｉ・ウォーラーステイン　丸山勝訳

「地政文化《ジェオカルチャー》」の視点から激動の世界＝史的システムとしての資本主義を透視。八九年はパックス・アメリカーナの幕開けではなく終わりである、冷戦こそがパックス・アメリカーナであったと見る著者が、現代を世界史の文化的深層から抉る。

四六上製　三九二頁　**三七〇〇円**
（一九九一年九月刊）　◇4-938661-32-2

GEOPOLITICS AND GEOCULTURE
Immanuel WALLERSTEIN

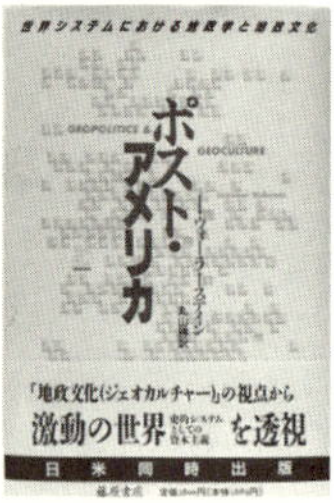

新しい総合科学を創造

脱＝社会科学
（一九世紀パラダイムの限界）

I・ウォーラーステイン
本多健吉・高橋章監訳

一九世紀社会科学の創造者マルクスと、二〇世紀最高の歴史家ブローデルを総合。新しい、真の総合科学の再構築に向けて、ラディカルに問題提起する話題の野心作。〈来日セミナー〉収録。（川勝平太・佐伯啓思他）。

A5上製　四四八頁　**五七〇〇円**
（一九九三年九月刊）
◇4-938661-78-0

UNTHINKING SOCIAL SCIENCE
Immanuel WALLERSTEIN

新たな史的システムの創造

新版 アフター・リベラリズム
（近代世界システムを支えたイデオロギーの終焉）

I・ウォーラーステイン　松岡利道訳

ソ連解体はリベラリズムの勝利ではない。その崩壊の始まりなのだ――仏革命以来のリベラリズムの歴史を緻密に跡づけ、その崩壊と新時代への展望を大胆に提示。新たな史的システムの創造に向け全世界を鼓舞する野心作。

四六上製　四四八頁　**四八〇〇円**
（一九九七年一〇月／二〇〇〇年五月刊）
◇4-89434-077-1

AFTER LIBERALISM
Immanuel WALLERSTEIN

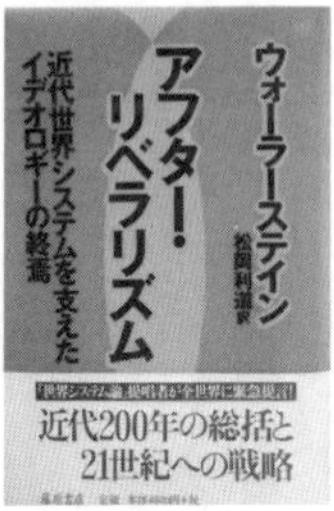

世界システム論で見る戦後世界

転移する時代
（世界システムの軌道 1945-2025）

T・K・ホプキンズ、
I・ウォーラーステイン編　丸山勝訳

近代世界システムの基本六領域（国家間システム、生産、労働力、福祉、ナショナリズム、知の構造）において、一九六七／七三年という折り返し点の前後に生じた変動を分析、システム自体の終焉と来るべきシステムへの「転移」を鮮明に浮上させる画期作。

A5上製　三八四頁　**四八〇〇円**
（一九九九年六月刊）
◇4-89434-140-9

THE AGE OF TRANSITION
Terence K. HOPKINS, Immanuel WALLERSTEIN et al.

二十一世紀の知の樹立宣言

ユートピスティクス
（二十一世紀の歴史的選択）

I・ウォーラーステイン
松岡利道訳

近代世界システムが終焉を迎えつつある今、地球環境、エスニシティ、ジェンダーなど近代資本主義の構造的諸問題の探究を足がかりに、単なる理想論を徹底批判し、来るべき社会像の具体化へ向けた知のあり方としてウォーラーステインが提示した野心作。

B6上製　一六八頁　**一八〇〇円**
（一九九九年一一月刊）
◇4-89434-153-0

UTOPISTICS
Immanuel WALLERSTEIN

世界システム論を超える

新しい学

（二十一世紀の脱=社会科学）

I・ウォーラーステイン
山下範久訳

一九九〇年代の一連の著作で、近代世界システムの終焉を宣告し、それを踏まえた知の構造の徹底批判を行なってきた著者が、人文学／社会科学の分裂を超え新たな「学」の追究を訴える渾身の書。

A5上製　四六四頁　**四八〇〇円**
（二〇〇一年三月刊）
◇4-89434-223-5

THE END OF THE WORLD AS WE KNOW IT　Immanuel WALLERSTEIN

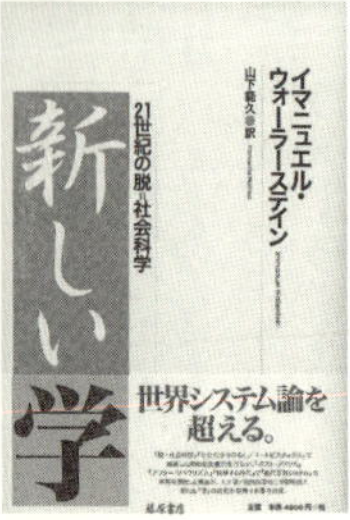

「世界史の現在」を読む

時代の転換点に立つ

（ウォーラーステイン時事評論集成1998-2002）

I・ウォーラーステイン
山下範久訳

現代を「近代世界システム」の崩壊の時代と見なす著者が、毎月二回欠かさずに世界に向けて発表し、アジア通貨危機から欧州統合、「9・11」まで、リアルタイムで論じた究極の現代世界論。

四六判　四五六頁　**三六〇〇円**
（二〇〇二年六月刊）
◇4-89434-288-X

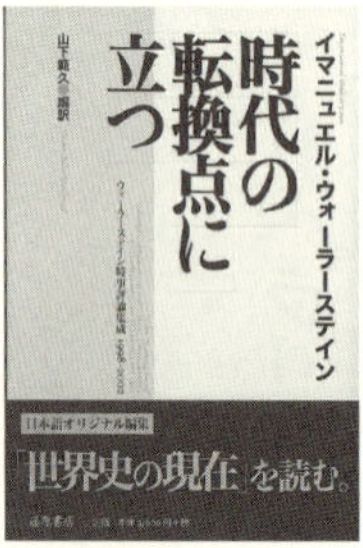

「西洋中心主義」徹底批判

リオリエント

（アジア時代のグローバル・エコノミー）

A・G・フランク　山下範久訳

ウォーラーステイン「近代世界システム」の西洋中心主義を徹底批判し、アジア中心の単一の世界システムの存在を提唱。世界史が同時代的に共有した「近世」像と、そこに展開された世界経済のダイナミズムを明らかにし、全世界で大反響を呼んだ画期作の完訳。

A5上製　六四八頁　**五八〇〇円**
（二〇〇〇年五月刊）
◇4-89434-179-4

ReORIENT　Andre Gunder FRANK

西洋中心の世界史をアジアから問う

グローバル・ヒストリーに向けて

川勝平太編

日本とアジアの歴史像を一変させ、「西洋中心主義」を徹底批判して大反響を呼んだフランク『リオリエント』の問題提起を受け、気鋭の論者二三人がアジア交易圏からネットワーク経済論までを駆使して、「海洋アジア」と「日本」から、世界史を超えた「地球史」の樹立を試みる。

四六上製　二九六頁　**二九〇〇円**
（二〇〇二年二月刊）
◇4-89434-272-3

サイードの一歩先へ

イスラームの国家・社会・法

（法の歴史人類学）

H・ガーバー　黒田壽郎訳＝解説

イスラーム理解の鍵、イスラーム法の歴史的実態を初めて明かす。ウェーバーの「東洋的専制」論を実証的に覆し中東における法と理性の不在という既存の定説に宿るオリエンタリズムの構造をあばいた、地域研究の最前線。

A5変上製　四一六頁　**五八〇〇円**
（一九九六年一一月刊）
◇4-89434-053-4

STATE, SOCIETY, AND LAW IN ISLAM
Haim GERBER

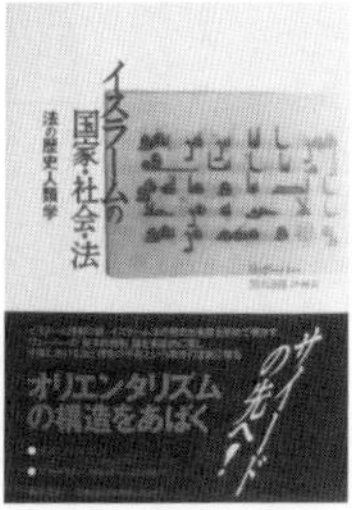

イスラームのインフォーマル経済

商人たちの共和国

（世界最古のスーク、アレッポ）

黒田美代子

アラビア語でスーク、ペルシャ語でバザールと呼ばれる、定価方式によらない中東の伝統的市場での積年のフィールドワークから、〝差異を活力とする〟イスラームの経済システムの精髄に迫る。世界初の実証的中東・イスラーム社会研究の誕生。（口絵一六頁）

四六上製　二四〇頁　**二七一八円**
（一九九五年七月刊）
◇4-89434-019-4

初の資本主義五百年物語

資本主義の世界史

（1500–1995）

M・ボー　筆宝康之・勝俣誠訳

ブローデルの全体史、ウォーラーステインの世界システム論、レギュラシオン・アプローチを架橋し、商人資本主義から、アジア太平洋時代を迎えた二〇世紀資本主義の大転換までを、統一的視野のもとに収めた画期的業績。世界十か国語で読まれる大冊の名著。

A5上製　五一二頁　**五八〇〇円**
（一九九六年六月刊）
◇4-89434-041-0

HISTOIRE DU CAPITALISME
Michel BEAUD

無関心と絶望を克服する責任の原理

大反転する世界

（地球・人類・資本主義）

M・ボー　筆宝康之・吉武立雄訳

差別的グローバリゼーション、新しい戦争、人口爆発、環境破壊……この危機状況を、人類史的視点から定位。経済・政治・社会・エコロジー・倫理を総合した、学の〝新しいスタイル〟から知性と勇気に満ちた処方箋を呈示。

四六上製　三七七頁　**三八〇〇円**
（二〇〇二年四月刊）
◇4-89434-280-4

LE BASCULEMENT DU MONDE
Michel BEAUD

西洋・東洋関係五百年史の決定版

西洋の支配とアジア

〔1498-1945〕

K・M・パニッカル　左久梓訳

「アジア」という歴史的概念を夙に提出し、西洋植民地主義・帝国主義の歴史の大きなうねりを描き出すとともに微細な史実で織り上げられた世界史の基本文献。サイードも『オリエンタリズム』で称えた古典的名著の完訳。

A5上製　五〇四頁　**五八〇〇円**

（二〇〇〇年一一月刊）

◇4-89434-205-7

ASIA AND WESTERN DOMINANCE

K. M. PANIKKAR

「アジアに開かれた日本」を提唱

新版 アジア交易圏と日本工業化

〔1500-1900〕

浜下武志・川勝平太編

西洋起源の一方的な「近代化」モデルに異議を呈し、近世アジアの諸地域間の旺盛な経済活動の存在を実証、日本の近代における経済的勃興の要因を、そのアジア交易圏のダイナミズムの中で解明した名著。

四六上製　二九六頁　**二八〇〇円**

（二〇〇一年九月刊）

◇4-89434-251-0

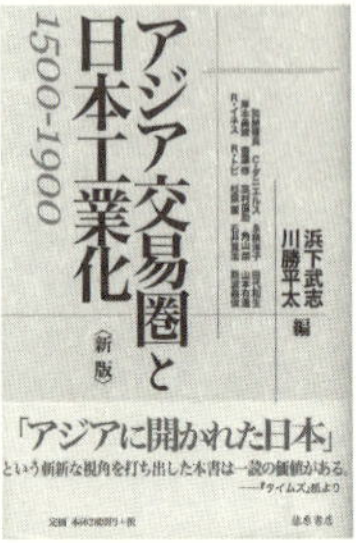

全く新しい経済理論構築の試み

金融の権力

A・オルレアン

坂口明義・清水和巳訳

地球的規模で展開される投機経済の魔力に迫る独創的新理論の誕生！　市場参加者に共有されている「信念」を読み解く「コンベンション理論」による分析が、市場全盛とされる現代経済の本質をラディカルに暴く。

四六上製　三二八頁　**三六〇〇円**

（二〇〇一年六月刊）

◇4-89434-236-7

LE POUVOIR DE LA FINANCE

André ORLÉAN

新たな「多様性」の時代

脱グローバリズム宣言

（パクス・アメリカーナを越えて）

R・ボワイエ＋P-F・スイリ編

青木昌彦　榊原英資　他

山田鋭夫・渡辺純子訳

アメリカ型資本主義は本当に勝利したのか？　日・米・欧の第一線の論客が、通説に隠された世界経済の多様性とダイナミズムに迫り、アメリカ化とは異なる21世紀の経済システム像を提示。

四六上製　二六四頁　**二四〇〇円**

（二〇〇二年九月刊）

◇4-89434-300-2

MONDIALISATION ET RÉGULATIONS

sous la direction de

Robert BOYER et Pierre-François SOUYRI

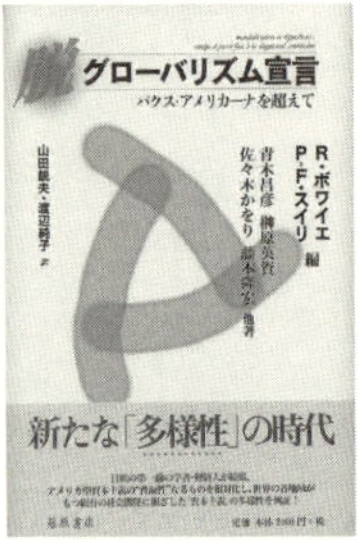